TIERRA *de* DIAMANTES

TIERRA *de* DIAMANTES

DESCUBRE LO MEJOR DE DIOS
AHÍ DONDE ESTÁS

JENTEZEN FRANKLIN

Chosen

a division of Baker Publishing Group
Minneapolis, Minnesota

© 2020 por Jentezen Franklin
Traducción al español © 2020 por Baker Publishing Group

Publicado por Chosen Books
11400 Hampshire Avenue South
Bloomington, Minnesota 55438
www.chosenbooks.com

Chosen Books es una división de Baker Publishing Group
P.O. Box 6287, Grand Rapids, MI 49516-6287
www.bakerbooks.com

Printed in the United States of America
Impreso en Estados Unidos de América

Originalmente publicado en inglés con el título:
Acres of Diamonds

ISBN 978-0-8007-9991-5

Número de control de la Biblioteca del Congreso (Library of Congress Control Number): 2020935749

Portada diseñada: *LOOK Design Studio*
Desarrollo editorial: *Grupo Nivel Uno, Inc.*

El autor es representado por The FEDD Agency, Inc

20 21 22 23 24 25 26   7 6 5 4 3 2 1

Dedicado a aquellos que vieron en mí un diamante...

A mi amada esposa, Cherise, por ver mi potencial y por creer en mí lo suficiente como para embarcarse conmigo en esta emocionante aventura llamada vida.

A mi mamá y mi papá, que me animaron a seguir mis sueños en la música y en el ministerio.

A Rachel Joyner, por animarme a no rendirme nunca cuando apenas comenzaba en el ministerio.

A Bob Pauline, mi profesor de piano y mentor de música.

Al obispo T. F. Tenney, un diamante que perdí y que nunca repondré hasta que lo vuelva a ver en las calles de oro.

Contenido

Introducción

En 1869, cerca de las riberas del río Tigris, Russell Conwell se encontraba sobre el lomo de un camello escuchando al guía árabe contar la misma historia por milésima vez. El abogado que una vez fuera alumno de la Universidad de Yale ya se estaba cansando del gran tesoro de historias relatadas por su guía, sin embargo, un tiempo después escribiría que siempre le alegró haber escuchado esta. Su guía hablaba de un hombre llamado Alí Hafed que tenía una granja muy grande. Imagino que tendría un camello y un arado para trabajar la tierra. Día tras día, trabajaba incansablemente por todo lo que tenía. Alí Hafed tenía muchas bendiciones y estaba satisfecho. Bueno, hasta que un día tuvo el placer de hospedar a un desconocido. Un anciano sacerdote lo visitó y, frente a la chimenea de Alí Hafed, le contó acerca de un descubrimiento de diamantes en un lejano país. Con un puñado de diamantes, exclamó el sacerdote, uno podría comprar un país entero. Con una mina de diamantes, uno podría poner a sus hijos sobre tronos.

Aquella noche, explicó Conwell cuando contó esta historia, Alí Hafed se fue a dormir como un hombre pobre. Su satisfacción se había desvanecido, pensaba en los diamantes que no tenía. Así que, al siguiente día, buscó al sacerdote y le rogó: «Dime dónde puedo encontrar diamantes».

El sacerdote respondió: «Si encuentras un río en lo alto de la montaña corriendo a través de blancas arenas, siempre encontrarás diamantes en ellas».

¡Quiero una mina de diamantes! se convirtió en el clamor del corazón de Alí Hafed y, desde ese día, se dispuso a perseguir su sueño. Así que vendió la granja. Se despidió de su esposa y de sus hijos con un abrazo y, con una audaz declaración final, les dijo: «Cuando regrese, seremos fabulosamente ricos. Tendrán todo por el resto de sus vidas».

Y así partió Alí Hafed, como un mercenario en busca de diamantes. Fue a África Oriental. Pero no encontró diamantes. Fue a Palestina. Tampoco encontró diamantes. Fue a Europa. Nada de diamantes. Finalmente, después de haber gastado sus riquezas en busca de una mayor fortuna, Alí Hafed terminó en España. Y aun ahí, no encontró diamantes. En España, insatisfecho por su fracaso, llegó a tal desesperación que decidió quitarse la vida. Se detuvo en una playa, esperó que una gigantesca ola se abalanzara hacia él, se lanzó a las turbulentas aguas y nunca más se le ha visto.

Un día, el hombre que le compró la granja a Alí Hafed, llevaba su camello a un manantial por su terreno. Es probable que fuera el mismo camello que perteneció a Alí Hafed. Mientras la bestia bebía, un curioso destello de luz llamó la atención del hombre. Al observar más de cerca, metió la mano hasta el fondo y sacó una piedra negra. Se dio cuenta de que cuando le daba el sol, la piedra se iluminaba con todos los colores del arcoíris. *Qué hermosa piedra*, pensó. Luego, al regresar a su casa, puso la piedra en la repisa de la chimenea como un adorno y se olvidó de ella.

Al siguiente día, llegó el mismo sacerdote que le había hablado a Alí Hafed acerca de los diamantes. Mientras conversaba con el nuevo dueño, el sacerdote abruptamente hizo una pausa en medio de la conversación. Sus ojos se posaron en la piedra negra que estaba sobre la repisa de la chimenea.

Apuntando a la piedra, exclamó:

—¡Ese es un diamante!

El granjero meneó la cabeza de un lado a otro.

—De ninguna manera. Solo es una piedra.

—Le aseguro —insistió el sacerdote— es un diamante. ¿Dónde lo consiguió?

—Le mostraré.

El sacerdote siguió al granjero hasta el jardín cercano al manantial. Al revolver la blanca arena con sus dedos, aparecieron innumerables diamantes, más grandes y más brillantes que el primero. El hombre que había comprado la granja de Alí Hafed inadvertidamente había descubierto la mina de diamantes de Golconda, la más espléndida de la historia. De hecho, las joyas reales que adornan a soberanos de todo el mundo, incluyendo a la Reina Madre de Inglaterra, vienen de esa mina en particular, de la misma tierra, del mismo jardín, del mismo manantial y con el mismo camello que Alí Hafed había abandonado.

Alí Hafed había viajado por todo el mundo para conseguir lo que siempre tuvo. No se percató nunca del potencial del lugar donde estaba. Nunca se percató que vivía sobre una tierra de diamantes. *Si pudiera ir a África, Palestina, Europa o España*, pensó, *encontraré una gran riqueza*. Pero todo ese tiempo, los diamantes estuvieron bajo sus pies.

Esta historia se hizo parte de un discurso que le solicitaron a Conwell seis mil ciento cincuenta y dos veces en su vida, hecho que fue incluido en el «¡Aunque usted no lo crea!» de Ripley. Años después, lo convirtió en un libro, *Acres of Diamonds*, el cual llegó a ser un *best seller*. Las ganancias, Conwell las invirtió en la recién construida institución educativa Temple University, fundada en 1884.[1] Más de cuarenta mil estudiantes estaban matriculados en esa excelente organización, para la fecha en que escribí este libro. Y todo comenzó con una historia que Conwell escuchó.[2]

Lo que más me asombró de esta historia es que el hombre que compró la misma granja, el mismo jardín, el mismo manantial y el mismo camello que Alí Hafed consideró despreciables, convirtió todo eso en una tierra de diamantes. Quizás sientas lo mismo que Alí Hafed. Quizás pienses que tu vida no tiene valor. Quizás pienses que el lugar donde vives no tiene valor. Quizás pienses que tu cónyuge no tiene valor. Tal vez creas que tu empleo carece de valor. A lo mejor menosprecies el lugar donde estás y todo lo que tienes. Debes saber que donde estés, en este momento, hay un potencial oculto. En tu empleo. En el pequeño pueblo donde vives. En tu matrimonio actual. En tu familia. En tu iglesia. Es probable que la respuesta a tus sueños esté a tu alcance con solo ver y creer que es posible.

Algunos no pueden comprender las inescrutables riquezas de Cristo en las que viven. Y continúan buscando algo más. Siguen creyendo que hay algo mejor de lo que pueden experimentar en Cristo. Yo estoy aquí para decirte que si conoces a Jesús, tu nombre está escrito en el libro de la vida. Si tienes un Salvador que ha prometido no dejarte ni desampararte nunca estás, en estos momentos, viviendo en tierras de diamantes.

Te voy a proporcionar una palabra poderosa que cambiará tu vida: *permanece*.

Apréndete esta palabra y vívela. El pasto no está más verde en otro lugar. Simplemente tienes que aprender a ver, valorar y hacer crecer lo que tienes, allí donde estás.

Para aprovechar al máximo este libro, debes entender el tipo de permanencia de la que hablo. Eclesiastés nos recuerda que hay tiempo para todo: tiempo para vivir y tiempo para morir. Tiempo para llorar y tiempo para reír. Tiempo para sembrar y tiempo para recoger. Tiempo para plantar y tiempo para arrancar. Ya me vas entendiendo. No hay duda de que los tiempos cambian y con ellos nuestras vidas. Cambiamos de trabajo. Nos mudamos a una nueva ciudad. Nos casamos. Tenemos otro hijo. Nos matriculamos en una nueva escuela. Perseguimos un nuevo sueño. La vida requiere cambios. Y ciertamente, hay momentos en los que tendremos que cambiar de dirección porque la antigua forma nos causaba daño. Quizás tengamos que desvincularnos de alguna gente tóxica o mudarnos para mejorar el futuro de nuestros hijos. Todo eso está bien. Pero hay otras ocasiones cuando el lugar en donde estamos parece estéril y aburrido, y aun cuando nos sintamos tentados a dejarlo todo y salir corriendo, no sentimos el consentimiento por parte de Dios. Quizás te encuentras en esta situación en este momento. Sabes, con total certeza, que no debes abandonar, darte por vencido ni dejar el lugar al cual Dios te ha llamado.

Quizás te sientas sobrecargado, incómodo, agotado o torpe. Tal vez te sientas como si nada de lo que Dios ha prometido se está cumpliendo en ese lugar, pero se supone que no debes ir a ningún otro. Quiero animarte a que venzas los deseos de rendirte. Es fácil abandonar, pero perseverar requiere fe.

Cuando las cosas se pongan difíciles, no te rindas. No creas las mentiras. Deja de pasar de una relación a otra. Deja de correr de una iglesia a otra cada vez que pase algo que te disguste. Deja de saltar de empleo a empleo porque piensas que no te dan lo que piensas que mereces. Si abandonas, puedes estar dejando algo por lo que otro daría todo.

Debes saber esto: dentro de ti hay diamantes. Pero, para que puedan surgir, se necesita tiempo. Eso va a requerir reveses. Va a requerir desilusiones. Va a requerir pruebas. Va a requerir desafíos.

Lo mismo se puede decir de los diamantes. Para que uno de ellos se forme, se necesitan tres cosas: tiempo, presión extrema y calor intenso. Los diamantes se componen de carbón puro y se forjan a cientos de kilómetros bajo la superficie de la tierra. Se requieren altas temperaturas y presión extrema para que los átomos de carbono se fusionen de una forma en particular de modo que produzcan un diamante. Con el tiempo, esa estructura atómica se hace permanente y crece lo suficiente como para producir un diamante.

Presión, calor y tiempo.

¿Qué significa eso para ti? Tus pruebas tienen propósito, así que no huyas de ellas. Permanece donde estás y da fruto. Si permaneces en ese lugar, aprenderás más. Crecerás más. Serás más. Harás más. Dios aumenta la presión y la temperatura para obtener un diamante.

No puedes vivir para el Señor sin pruebas. De hecho, no puedes vivir sin Él sin tener pruebas. Siempre le digo a la gente: todo es mejor con Jesús, incluidas las pruebas. Si la vida te va a traer pruebas, con o sin Jesús, es mejor optar por Él. Después de todo, Él es el único que puede llevarte a través de ellas. Cuando no tienes las fuerzas, Él las tiene. Él puede conquistar. Puede triunfar. Dios nunca pondrá sobre ti más de lo que puedas llevar. Querido lector, eres hecho del polvo. En otras palabras, eres polvo, tierra. Y solo Cristo sabe cómo formar diamantes con propósito y destino en tu vida; no importa lo que estés enfrentando en estos momentos. Sin Él, eso nunca pasará.

Recuerdo la historia bíblica del hijo pródigo. (La mayoría de ustedes la conocen. Si no, la pueden leer en Lucas 15). No sé en qué pensaba ese joven cuando dejó la casa de su padre. Sé que pidió su herencia. Estoy seguro de que tenía algunos amigos que le dirían cosas como: «Hombre, fuera de aquí todo el mundo se está divirtiendo, disfrutando fiestas que ni te imaginas, libertad y oportunidades fantásticas. Nunca las encontrarás si te quedas aquí. Debes dejar la casa de tu padre y salir».

El joven se creyó la mentira de que el pasto más verde es el del otro lado. Pero después de irse de su casa, lo perdió todo. Terminó sin un centavo, comiendo basura con los cerdos en un corral. Al final, despertó y entendió que todo lo que siempre había deseado estaba en la casa de su padre. No afuera, en el mundo. El joven vivía en una tierra de diamantes que nunca debió haber dejado.

He visto a muchos jóvenes irse de sus casas por estar aburridos o por sentirse limitados, pensando en encontrar diversión y satisfacción en otro lugar. He visto a muchos dejar sus matrimonios por pensar que pueden encontrar a alguien mejor y con menos problemas. He visto a muchos dejar sus iglesias por pensar que nada sacan con asistir o porque alguien los ha ofendido. Esas personas van buscando, probando esto y aquello, porque el enemigo los ha convencido de que lo que sea que busquen se encuentra más allá, afuera. ¡Pero no es así!

Es por eso que el salmista le pidió a Dios: «Ábreme los ojos, para que contemple las maravillas de tu ley» (Salmos 119:18). Este versículo implica que puede haber cosas maravillosas en tu entorno, pero tus ojos pueden estar cerrados. No puedes verlas. Veo que muchas personas se encuentran rodeadas de riquezas espirituales incalculables y viven en pobreza espiritual. Quizás eso te describe a ti. Al leer la introducción de este libro, ora y

pide a Dios que abra tus ojos. Encontrarás que hay cosas maravillosas en tu vida; solo debes dejar de mirar la mitad vacía del
vaso. Dios no te dejó sin potencial. No te dejó sin oportunidad.
Tienes que abrir tus ojos a las cosas buenas.

Esto me hace pensar en Abraham y Lot, tío y sobrino. Lot sabía
que Abraham tenía grandes bendiciones. Lot era inteligente. En
la medida que su tío se hacía más rico en ganado, plata y oro, Lot
se le acercaba más. Las bendiciones de Abraham aumentaban;
tanto que, de hecho, sus pastores y los de Lot empezaron a dis-
cutir. Estalló un conflicto. La tensión se hizo palpable.

Como Abraham era el más anciano, Lot tuvo que someterse
a él. Pero Abraham también era un pacificador. No quería que
los pleitos afectaran a su familia. Entonces le dijo a su sobrino:
«Escoge la parte de la tierra que prefieras, y nos separaremos».³

Lot alzó su vista y vio las bien irrigadas llanuras del Jordán,
la hierba verde y los árboles floridos. Miró al otro lado y vio
desierto, maleza, cactus, serpientes, rocas. Meneó su cabeza de
lado a lado y dijo: «No quiero eso». Y, apuntando a las bien irrigadas llanuras del Jordán, continuó: «¡Eso es lo que quiero!».
De pronto, Lot miró un poco más allá hacia el horizonte. Las
ciudades de Sodoma y Gomorra resplandecían como las luces
en Las Vegas. Por lo que dijo: «Parece que hay diamantes allá.
¡Eso también lo quiero!». Entonces Lot levantó sus tiendas en
las llanuras, hasta las cercanías de Sodoma y comenzó a buscar
diamantes.

No los consiguió nunca. Es más, la Biblia dice que después
de un tiempo perdió a su esposa. Deshonró su relación con sus
hijas. Perdió su reputación. Perdió su honor. Perdió su lugar.

Abraham, por otro lado, se estableció en el desierto, donde
había sequía y calor. *Presión y calor.* Me lo imagino observando la
tierra y viendo la arena. Muchos la considerarían menospreciable.

Un recordatorio de que estaba en un lugar abandonado por Dios. Pero cuando Abraham vio la arena, Dios le dio una visión para su vida:

[Abraham] Y haré tu descendencia como el polvo de la tierra; que si alguno puede contar el polvo de la tierra, también tu descendencia será contada. Levántate, ve por la tierra a lo largo de ella y a su ancho; porque a ti la daré.[4]

Más adelante, dijo a Abraham: «¡Así de numerosa será tu descendencia!».[5] La arena representaba la familia natural de Abraham que vendría a través de Isaac. Las estrellas representaban su familia espiritual, el Cuerpo de Cristo. La visión que Dios le dio a Abraham fue que engendraría una familia espiritual y una natural. Pero eso no sucedió en las llanuras del Jordán. Ni entre las luces de la ciudad. Dios abrió los ojos de Abraham en medio de un caluroso y polvoriento recipiente.

¿Qué verás cuando le pidas a Dios que abra tus ojos? Cuando comiences a ver lo que Él ve en el lugar de presión y calor, verás nacer una visión que cambiará tu vida para siempre. Tierra de diamantes.

Considera a los ladrones moribundos a cada lado de la cruz de Jesús. Uno de ellos lo mira y ve nada más que a un hombre colgado sobre una cruz. Ve sangre brotando de su costado, de sus pies y de sus manos. Lo ve coronado de espinas. Escucha al Maestro, clamando, gimiendo, y orando: «Padre, perdónalos». Y este ladrón, colgado y sentenciado a morir, maldice y se burla del Salvador.

Del otro lado de la cruz del medio, el segundo ladrón ve lo mismo que el otro. La misma cruz, la misma sangre, el mismo sufrimiento, las mismas heridas. Pero sus ojos son abiertos a cosas maravillosas. Este hombre no ve una basura miserable. Ve un tesoro. Ve tierra de diamantes. Y le ruega a Jesús: «Acuérdate de mí cuando vengas en tu reino». Y Jesús se voltea y le dice: «Te aseguro que hoy estarás conmigo en el paraíso».[6]

Ambos hombres miraron la misma cruz, el mismo Jesús, la misma prueba, el mismo sufrimiento, pero vieron dos cosas diferentes. ¿No es asombroso? Como ves, todo se trata de la perspectiva. Se trata de la visión.

¿Has pensado alguna vez que serás feliz al final, cuando obtengas tal o cual cosa, o cuando esto o aquello suceda? *Seré feliz cuando compre esa casa. Seré feliz cuando alcance ese proyecto. Seré feliz cuando me establezca con mis hijos. Seré feliz cuando finalmente me den el aumento.* Y no te das cuenta de que tu mayor tesoro está aquí y ahora: en Jesús.

> *Cuando dejes de menospreciar el lugar donde Dios te ha colocado, comenzarás a ver su potencial, incluidas las pruebas.*

Cuando Cherise y yo llegamos al pequeño pueblo de Gainesville, en el estado de Georgia, a pastorear nuestra primera iglesia, muchos de nuestros conocidos se preguntaban por qué habíamos escogido un lugar desconocido en una localización remota. «¿Por qué no una de las ciudades grandes, como Atlanta o Los Ángeles?», nos preguntaban. Pero al llegar aquí, Dios abrió mis ojos al potencial de una iglesia llamada Free Chapel. Por fe, vi tierra de diamantes. Vi una iglesia que podría afectar al mundo. Vi gente preciosa que amaba a Dios. Vi almas siendo salvas. No me enfoqué en las pequeñas instalaciones en la calle Browns Bridge. Vi un lugar donde las familias eran sanadas, los matrimonios restaurados y las vidas cambiadas. Es curioso que la propiedad de sesenta hectáreas que ocupamos hoy era una hacienda apícola y lechera. Literalmente, una tierra que fluía leche y miel. Pero los dueños no la querían. Estaban cansados de ella. Ellos veían una cosa, pero Dios veía otro tipo de tierra fluyendo leche y miel; y fue entonces como llegó a nuestras manos. Un lugar donde miles de almas serían salvas y miles de familias sanadas.

Hay tierra de diamantes en el empleo del que ya te cansaste. Hay tierra de diamantes en tu cónyuge que te fastidia. Hay tierra de diamantes en tus hijos que te desesperan. Hay tierra de diamantes donde vives, sea en un pequeño pueblo o una congestionada ciudad. Deja de esperar que alguien te dé un milagro y reconoce que estás sentado sobre una tierra de diamantes ahí donde estás.

Cuando te sumes en una actitud de queja, gimoteo o de excusas, no estás en posición para descubrir diamantes. Es hora de empezar a orar: «Señor, abre mis ojos. Abre mis ojos a las oportunidades. Abre mis ojos al potencial. Abre mis ojos a las relaciones que tengo en estos momentos. Abre mis ojos a la belleza del lugar donde me tienes en este momento».

Cuando dejes de menospreciar el lugar donde Dios te ha colocado, comenzarás a ver su potencial, incluidas las pruebas. Aun cuando sea difícil. Aun cuando se presenten la presión y el calor.

Dios te ha colocado donde estás en este momento. Pídele que abra tus ojos para ver lo que está delante de ti. Es hora de comenzar a cavar en tu propio patio.

1

¿Por qué no ahora?

A finales de los 1800, en los Estados Unidos, hablar de la hora era algo complicado. No había un patrón establecido. Podías dar la hora aproximada, de acuerdo a la posición del sol, igual que milenios antes de la invención de los relojes de sol y los mecánicos. Si el sol estaba directamente sobre tu cabeza, entonces era mediodía, hora de comer. Si el sol estaba por ocultarse en el ocaso, era hora de dormir. La mayoría de las ciudades tenían un reloj en un lugar visible, como el campanario de una iglesia; pero la hora era un poco diferente en cada una de ellas. En algunas la diferencia era de unos minutos, en otras mucho más.

Los ferrocarriles operaban de manera independiente, con sus propios horarios. Parecido a las ciudades, cada una funcionaba en un horario distinto. Eso era causa de mucha confusión, lo que llevaba a condiciones peligrosas. Imagínate la pesadilla logística de tener que hacer planes de viaje, coordinar la entrega de cargas o, aún peor, los problemas de seguridad, como el hecho de que dos trenes se abalanzaran uno contra otro desde dos direcciones opuestas porque sus horarios no se coordinaron.

Al fin, los líderes de los principales ferrocarriles colaboraron para resolver el problema. El 18 de noviembre de 1883, establecieron el Sistema Horario Estándar, el cual dividió a los Estados Unidos y al Canadá en cinco zonas.[1] Ese día, exactamente al mediodía, sobre el meridiano noventa, los trabajadores de todas las estaciones ferroviarias coordinaron sus relojes para coincidir con el nuevo horario estándar, de acuerdo a su zona designada.

Para los ferrocarriles, esto fue una victoria. Por desdicha, no todo el mundo estaba satisfecho con ese nuevo esquema. Muchos, con su testarudez, decidieron continuar con el horario que tenían establecido hasta ese momento. En algunos lugares, la diferencia entre la hora local y la hora estándar ¡era de hasta cuarenta y cinco minutos![2] Hasta algunas ciudades completas se rehusaron a adoptar el nuevo horario. Surgieron pleitos. Incluso se dividieron algunos pueblos. Pasarían treinta y cinco años para que el horario estándar se hiciera ley en la totalidad de los Estados Unidos y que la gente lo acatara.

¿Qué piensas al respecto? ¿Has acatado el horario de Dios? Es el único tiempo que debemos saber. No podemos hacer nuestros propios planes en la vida y esperar que todo salga de acuerdo a nuestro horario. Cuando de seguir a Dios se trata, debemos permanecer sincronizados con su tiempo. Debemos tener las mismas intenciones del salmista cuando escribió: «En tu mano están mis tiempos» (Salmos 31:15 RVR1960).

Ajústate al tiempo de Dios

El momento adecuado es crucial.

He aprendido que el tiempo de Dios rara vez se acopla al mío. En lo relativo a mis preferencias personales, su tiempo usualmente no coincide con el mío. Nuestra primera incursión al ministerio por la televisión es un ejemplo. Si hubiera sido por mí, no habría escogido esa ocasión en particular. Nuestro ministerio había crecido mucho, algo que siempre es positivo; pero en esos momentos sentía que alcanzábamos lo máximo. Acabábamos de mudarnos a las nuevas instalaciones y todavía estábamos amueblando. Estábamos tratando de eliminar la deuda que habíamos acumulado. Y aumentando nuestro personal. Y en medio de toda esa locura, como de la nada, se presentó una oportunidad.

Siempre me sentí llamado al ministerio de la televisión, por lo que aun antes de llegar a Free Chapel, me presentaba como predicador invitado y músico en estaciones televisivas locales. Tenía mis propias ideas y mis propios planes sobre el tiempo perfecto para lanzarnos a la televisión nacional. Y definitivamente, ese momento en particular no era el adecuado.

Un sábado en la tarde (estoy casi seguro que fue en 1993), recibí una llamada telefónica de R. W. Schambach, un famoso evangelista que tenía muchos seguidores. Él había estado transmitiendo por radio y televisión durante muchos años. El día que llamó, estaba predicando en Atlanta. Me dijo que a pesar de no conocerme, había escuchado de nuestra iglesia y que acabábamos de mudarnos a unas nuevas instalaciones. Luego me preguntó si me gustaría que predicara en nuestra iglesia al siguiente día, en el culto del domingo por la noche. Para mí era un gozo y un honor, así que le dije que por supuesto.

La noche siguiente nuestro santuario estaba repleto. El ambiente vibraba. El auditorio estaba lleno de una fresca emoción y de expectación. Y R. W. llegó tarde. Ni siquiera nos dio tiempo a conocernos personalmente antes del servicio. Le extendí la mano por primera vez en la plataforma, frente a dos mil personas. Después de saludar a la congregación y decir algunas palabras, R. W. se acercó a mí y me susurró:

—¿Puedo obedecer a Dios esta noche?

—Sí, señor —le respondí.

Entonces preguntó:

—¿Ya me puedo encargar del servicio?

Yo no tenía ninguna duda.

—¡Por supuesto!

Me senté y R. W. comenzó a predicar poderosamente. Al concluir su mensaje, dijo: «Esta noche voy a recoger una ofrenda, pero no es para mi ministerio. El Señor ha puesto en mi corazón que este joven predicador, Jentezen Franklin, debe estar en la televisión predicando el evangelio. Nosotros lo vamos a colocar allí. Lo vamos a ayudar a comprar lo que necesite para salir en la televisión».

Luego, en uno de los milagros más grandes que he presenciado, los miembros de la congregación comenzaron a entregar —uno por uno— cheques de mil dólares. En cosa de diez minutos, R. W. había recaudado más de $138,000. El dinero siguió fluyendo. La siguiente semana compramos cámaras, luces, equipos de edición y tiempo en una estación de televisión por cable para todas las noches de 7:30 a 8:30. Así se acababa de lanzar nuestro ministerio televisivo.

Este es el asunto: tuve que salirme de mi propio horario y ajustarme al de Dios. Él conocía el tiempo perfecto para mí. Yo tenía que ser obediente y hacerlo, en ese momento.

Cuando sientes que Dios te guía a algo o a algún lugar, tienes que ver diamantes; no estrés, ni cargas, ni excusas, ni dificultades, ni imposibilidades. A veces, el milagro más grande que

Dios tiene para nosotros viene en el momento más inoportuno. Porque solo por medio de su poder lo podremos lograr.

Al meditar en los treinta años de ministerio, pareciera que cada desafío importante que enfrentamos —como establecer un nuevo recinto o comenzar un nuevo ministerio— excedía nuestras limitaciones. En muchas ocasiones, Dios nos presentó oportunidades cuando menos seguros —en lo que a la carne se refiere— nos sentíamos. Ahora bien, no estoy hablando de ser irresponsables en la ejecución de esas cosas. Por ejemplo, siempre he sido conservador en cuanto a tomar grandes decisiones en lo financiero. Pero creo que Dios requiere de nosotros una fe que exige que confiemos en Él más de lo que pensamos que podemos lograr por nuestra propia capacidad. Cuando quiere que hagamos algo en su tiempo, nos insta diciendo: *Sal de tu rutina y confía en mí. Tienes suficiente para hacerlo en este momento. Quizás tarde dos años en darte las «condiciones propicias», pero en estos momentos, necesito que confíes en mí.*

En el año 2005, Dios me instó a comenzar una conferencia de fin de semana para estudiantes de todo el mundo. Mientras la visión se forjaba, contemplaba los días en los que los jóvenes pudieran participar en una maravillosa adoración, aprender de los poderosos predicadores, y crecer más profundamente en Dios y en su propósito para sus vidas. Nuestro ministerio nunca había hecho algo así.

Mi equipo se entusiasmó cuando les hablé de ello. «¡Parece fantástico! Comencemos los preparativos para hacerlo dentro de un año». Sabíamos que iba a tomar meses, sino el año completo, para organizar los grupos musicales conocidos y los oradores necesarios para ese tipo de evento. También requeriría una gran cantidad de tiempo para contactar iglesias, pastores de jóvenes y hacer la promoción.

Pero el tiempo de Dios no era para dentro de un año. Sentí la urgencia de hacerlo antes. La idea me consumía, no me la podía sacar de la cabeza. Una vez más me reuní con mi equipo y les dije que quería programar la conferencia para el principio del verano, a solo unos cuantos meses.

Casi se les salen los ojos. «¡Pero eso es a solo unos meses!», dijo alguien.

«Ya lo sé —contesté—. Así que vamos a hacerlo como tengamos que hacerlo».

Resulta que, el mismo fin de semana que planeamos nuestra conferencia, Toby Mack, uno de los artistas cristianos más populares, necesitaba pasar por Atlanta para algo. Cuando llamamos a su agencia de contratos, las fechas coincidían perfectamente. En circunstancias normales, incluirlo a él y a su banda en el calendario nos hubiera tomado un año. Dios sabía lo que estaba haciendo. Él conoce el tiempo perfecto.

De alguna forma, por la bondad y la gracia de Dios, presentamos nuestra primera «Conferencia Forward» en nuestra sede principal, a la cual asistieron tres mil jóvenes. Aquello superó nuestras expectativas más audaces. Al siguiente año, se inscribieron muchos más estudiantes, tantos que tuvimos que cambiar de local e irnos al Gwinnett Arena, hoy conocido como el Infinite Energy Arena, con capacidad para trece mil personas. Esta conferencia se ha vendido por completo, anticipadamente, todos los años, y miles de miles de adolescentes han confesado a Cristo. Quién sabe si eso habría sucedido si me hubiera empeñado en seguir el tiempo del hombre en vez del de Dios.

Con seguridad que, si no hubiese obedecido, habríamos perdido el tiempo perfecto. Nunca me habría percatado de la tierra de diamantes que Dios revelaría, no solamente para nuestro ministerio, sino también para los miles de estudiantes que asistieron a esa primera conferencia. Muchas veces, antes de dar un paso adelante, queremos absoluta certeza; una garantía del ciento por ciento. Sin embargo, este tipo de garantía saca de la ecuación al elemento de la fe y no puedes experimentar el éxito sin arriesgarte a sufrir la derrota. La fe, a veces, se deletrea como sigue: R-I-E-S-G-O.

La palabra griega para «oportunidad», en castellano, es *kairos*, que a su vez sugiere que el tiempo es esencial. Hay momentos en la vida que requieren que actúes. Aprovecha el momento o perderás la oportunidad.

Por lo general, no es fácil ver una tierra de diamantes, pero si le pides a Dios que te abra los ojos —y en ocasiones lo hará sin que se lo pidas— sabrás cuando se presente una oportunidad que requiere tu acción en el momento. En 1 de Crónicas 12, los hijos de Isacar tenían los ojos bien abiertos. Entendían los tiempos, sabían lo que Israel debía hacer y cuándo hacerlo. Nosotros debemos tener el mismo discernimiento.

Una oportunidad perdida

Debo admitir que no siempre vi tierras de diamantes en lo que me parecieron oportunidades inadecuadas. O más bien, quizás vi los diamantes, pero me faltó la valentía para acoplarme al tiempo de Dios.

Hace algunos años, después de la construcción de nuestro primer edificio, recibí una llamada inesperada. No recuerdo todos los detalles de la conversación, pero sé que la persona al otro lado de la línea quería saber si deseaba comprar una estación de televisión local completa por tres millones de dólares. Más adelante, y en persona, me la ofreció por dos millones y medio. La oportunidad era fantástica, y aunque dos millones y medio de dólares era mucho dinero, en ese entonces era un buen precio. Sentí que Dios me instaba a aceptar, aunque todo en mi interior gritaba que no. No teníamos el dinero. Y nuestro crédito estaba al límite. Cada centavo que teníamos estaba invertido en las nuevas instalaciones. Cuando se trata de construir estacionamientos, comprar muebles e implementos de oficina, mejorar los equipos de sonido y poner pisos, es muy fácil gastarte dos millones de dólares en un santiamén. Yo sabía que nuestra junta directiva estaba sumamente estresada con el planeamiento y el presupuesto de esta nueva transición. ¿Cómo ponerles una carga más encima?

No era solamente que estuviéramos sobrecargados financieramente, sino que los dos millones y medio serían solo para comenzar. Eso requeriría muchos otros gastos fijos. Necesitaríamos gastar mucho más dinero para emplear al personal indicado y los equipos adecuados para manejar la estación. Dios me pudo haber estado guiando en esa dirección, pero decidí que no. Simplemente, no tenía la fe suficiente para hacerlo. Más tarde me enteré que la estación se vendió por cincuenta millones de dólares.[3]

Es uno de mis mayores remordimientos. Daría cualquier cosa por tener una vez más esa oportunidad. No nos sobraban dos millones y medio de dólares, pero podríamos habernos presionado un poco. Quizás hubiera sido un poco temerario, pero era posible. Poco tiempo después que se me presentó esa oferta, el gobierno promulgó una regulación de retransmisión obligatoria, lo que significa que las estaciones de televisión con licencia local deben ser incorporadas a un sistema de televisión por cable. Esa estación que yo había rechazado no iba a transmitir solo en el ámbito local. Iba a alcanzar a toda la región metropolitana de Atlanta. ¡Hubiera tenido a toda Atlanta y más!

No me enorgullece mi falta de confianza. Debí haber sido más valiente. Debí haber escuchado a Dios. Debí haberme esforzado más. Debí haber buscado la manera de hacerlo. Pero en cambio, me acobardé. Sin embargo, aprendí algo: es más importarte ajustarse al tiempo de Dios que confiar en el mío propio.

La oportunidad que se presenta, aunque plagada de problemas, es mejor que la gran oportunidad que se perdió. Si esperas demasiado, puedes perder tu destino, puedes perder tu propósito. Puedes perder lo que Dios desea darte. El tiempo es ahora. Hoy es el día.

Pienso en la mujer que ungió la cabeza de Jesús mientras estaba sentado en la mesa. Me la imagino como una sombra silenciosa, caminando sigilosamente entre los acomodados discípulos, con su frasco de alabastro. Cuando se le acerca, rompe el frasco, derrama el costoso perfume por toda su cabeza y comenzó a adorarlo. Ese perfume era muy caro, era equivalente a un año de salario. Y al instante, los otros invitados comenzaron a reprender a la mujer.

> *La oportunidad que se presenta, aunque plagada de problemas, es mejor que la gran oportunidad que se perdió.*

Pero conociendo el verdadero propósito de esa ofrenda, Jesús se apresuró a defenderla. «Déjenla en paz», ordenó a los presentes que la juzgaban. «Ungió mi cuerpo de antemano, preparándolo para la sepultura» (Marcos 14:6, 8).

Esa mujer acertó al tiempo. Sintió una urgencia dentro de sí que la impulsó a pensar: *Si no hago esto ahora, jamás tendré otra oportunidad.* Poco tiempo después, Jesús fue arrestado y luego sería colgado en una cruz para que muriera. Es posible, que antes de su última exhalación, aún sintiera el aroma del perfume que aquella mujer vertió sobre Él, en el momento apropiado.

Ahora es el tiempo de romper tu vida y derramarte sobre el cuerpo de Cristo.

El poder del ahora

Si ponemos mucho énfasis en lo que deben ser y cómo deben verse nuestros planes o en el temor de lo que pueda o no pueda suceder, perderemos el poder del ahora.

Jesús sabía eso. En Juan, capítulo 2, leemos acerca del comienzo del ministerio de Jesús. Él, su madre y sus discípulos habían sido invitados a una boda. Y de pronto, se terminó el vino. La madre de Jesús, al descubrir tal atrocidad social, le pide ayuda.

«¿Eso qué tiene que ver conmigo?», respondió Jesús. «Todavía no ha llegado mi hora».

Pero María es una mujer con discernimiento. Ella sabía que tenía que lanzar a su hijo al ministerio. Y sin una palabra de respuesta, María se vuelve hacia los sirvientes, señala a Jesús y les dice: «Hagan lo que Él les ordene».[4]

Ustedes conocen la historia: al seguir las instrucciones de Jesús, los sirvientes llenaron seis tinajas de veinte o treinta galones de agua. En presencia de su Creador, el agua enrojece y se convierte en vino. Alguien le lleva una muestra al maestresala, que se siente muy complacido. Llama al novio y le dice: «Todos sirven primero el mejor vino, y cuando los invitados ya han bebido mucho, entonces sirven el más barato; pero tú has guardado el mejor vino hasta ahora» (Juan 2:10).

Quiero que prestes mucha atención a esta declaración: tú has guardado el mejor vino *hasta ahora*.

Quizás hayas escuchado un dicho que reza: «Guarda lo mejor para el final». Si no tenemos cuidado, podemos vivir de esa forma toda la vida. Siempre pensando que el avivamiento, la intervención de Dios, el milagro que necesitas, la respuesta a tu oración va a estar por allá, que llegará algún día. Uno de estos días. Allá, a lo lejos.

Pero Dios no deja lo mejor para el final. Por supuesto que, si así lo determina, puede hacerlo, Él es Dios. Él puede hacer cualquier cosa. Pero también ha guardado lo mejor para el *ahora*. Debemos tener cuidado de no estar viviendo diez años más allá, en el un día o algún día. Podemos tener la victoria ya. Podemos tener el avivamiento ahora. La vida puede cambiar ahora. Los matrimonios pueden ser restaurados ahora. Las familias pueden ser reunidas ahora. Las adicciones pueden ser vencidas ahora. Los logros se pueden obtener ahora.

El enemigo quiere impedir que veamos el poder que hay en creer, en afirmarnos y en confiar que la victoria comienza ahora. Los días de grandeza para la iglesia no han pasado. Los días de grandeza para ti no han pasado. Dios no es un Dios del pasado. No está inmóvil esperando mostrarte, algún día, su poder y su grandeza.

Dios es el mismo, ayer, hoy y por los siglos.[5] Esto significa que si comprendemos el poder del ahora, no tendremos que esperar. *Tú has guardado el mejor vino hasta ahora.* Lo mejor de Dios no está en el pasado ni en el futuro. Es ahora.

Libera tu fe ahora

Lázaro ya tenía algunos días muerto cuando Jesús llegó; por lo que Marta tenía algunas cosas que decirle. «¡Si hubieras estado aquí, cuando mi hermano aún vivía, podrías haberlo sanado!».

Con una mirada llena de compasión, Jesús le aseguró: «Tu hermano no está muerto para siempre. Resucitará».

Pero Marta tenía su mirada puesta en un día futuro. «Yo sé que resucitará en la resurrección en el día final», respondió.

Mas Jesús le dijo: «Yo soy la resurrección y la vida. El que cree en mí vivirá, aunque muera. ¿Crees esto?».[6]

Por un lado, Marta tenía una fe muy grande, pero estaba en el pasado. Sabía que si Jesús hubiera estado allí cuando Lázaro se enfermó, lo habría podido sanar. Tenía mucha fe, pero en un día futuro. Creía que Lázaro resucitaría de entre los muertos en el día final. Por otro lado, lo que a Marta le faltaba era fe en el presente.

Jesús dijo: «Yo *soy* la resurrección y la vida». Y prosiguió a resucitar a Lázaro en presencia de Marta. El tiempo es ahora.

Debemos decidir cuándo dejaremos de decir: «Algún día voy a lograr mi propósito». «Algún día voy a arreglar mi matrimonio». «Algún día voy a lidiar con estos problemas». «Algún día voy a sacar tiempo para mi familia». «Algún día voy a perdonar». ¿Cuándo nos daremos cuenta de que el tiempo es ahora? ¡Este es el momento! Aquí y ahora.

El ahora es todo lo que tienes. En el ahora radica el poder. Y esta es la clave para desatar milagros en tu vida.

En este caso, la palabra «ahora» debería ser sinónimo de triunfo. Debemos vivir como si ya ganamos la batalla, aunque no lo podamos ver con nuestros ojos naturales. Debemos alabar a Dios ahora, no cuando veamos el cambio en nuestras circunstancias. Necesitamos confiar en Dios ahora, no cuando entendamos todo. Debemos decidir creerle a Dios ahora, no cuando lo que esperamos se haya manifestado. De eso se trata la fe.

La Biblia lo explica de la siguiente manera: «*Ahora* bien, la fe es la garantía de lo que se espera, la certeza de lo que no se ve»

(Hebreos 11:1, énfasis añadido). La definición de fe no es algún día. La fe *es*. Es ahora.

Empieza a vivir hoy

Jesucristo fue el regalo más grande dado a este mundo. El que le sigue es ahora. Hoy. El mañana no nos ha sido prometido. Ni tampoco el próximo mes. Sin embargo, tienes el maravilloso regalo del ahora. ¿Recuerdas? A Jesús lo crucificaron entre dos ladrones. Suelo pensar que uno de ellos representaba al «ayer» y el otro a «algún día». Ambos quieren robarte el gozo. Si no prestas atención a la manera en que vives y cómo piensas, crucificarás al «hoy» entre esos dos ladrones.

Querido amigo, el ayer ya pasó. El pasado ya pasó. Hecho está. Nunca lo recuperarás. Mas si se lo permites, ese ladrón te robará el gozo de hoy, haciéndote vivir en la vergüenza, el dolor o hasta en los logros de ayer. Te quedarás atascado, viviendo allá, en vez de aquí y ahora. Deja de hablar de un día o de algún día. En estos momentos vives sobre una tierra de diamantes.

Si el ladrón del ayer no te roba el gozo, el ladrón del algún día lo intentará. Y si te enfocas en el futuro, por lo que pueda o no pasar, dejarás de aprovechar el poder del ahora.

«Que dure tu fuerza tanto como tus días».[7] En otras palabras, Dios nos da la gracia suficiente para enfrentar cada día. Si dejas que tu mente vague hacia algún día, con preocupaciones sobre el temor a lo desconocido, en ese espacio no tienes la gracia de Dios. Si dejas que tu mente vague hacia el ayer y te atascas allá por lo que haya pasado o por lo que no pasó, en ese espacio tampoco tienes la gracia de Dios. Dios no está *allá*, está *aquí*. Ahora. Y no se va a ir a ningún lado. Si quieres vivir en paz, si quieres evitar la depresión, si quieres alejarte de las preocupaciones, de la ansiedad, y de la hipertensión, entonces debes comenzar a vivir hoy.

Me encanta lo que escribió el salmista: «Este es el día en que el Señor actuó; regocijémonos y alegrémonos en Él» (Salmos 118:24). No voy a permitir que el ladrón del ayer ni el del mañana me roben el gozo de hoy. Voy a disfrutar este día.

Tu tesoro es el hoy. El ayer es un cheque pagado, mañana es un pagaré. Hoy es efectivo en tus manos. Tu milagro, tu sanidad, tu paz, tu oportunidad, tu gozo, todos se alcanzan con una sola palabra: *ahora*.

Aprende a disfrutar el ahora. Aprende a vivir en el ahora. Aprende a ser obediente ahora. Aprende a decirle sí a lo que Dios te está llamando a hacer ahora. Enfócate en el ahora, ahí está tu mayor influencia.

Usemos a los discípulos como una lección objetiva. En el relato de Mateo 14, los encontramos a bordo de una embarcación en medio de aguas turbulentas. Ellos luchan por controlar la barca, que es zarandeada por las olas y azotada por un fuerte viento. De pronto, Jesús aparece caminando sobre las aguas. Pero los discípulos no lo reconocen. Gritan aterrorizados pensando que es un fantasma. ¿Por qué temen? Porque no se esperaban a Jesús, se esperaban a un espíritu maligno. Esperaban que se apareciera el diablo. ¿Te pasa lo mismo? ¿Con frecuencia esperas cosas malas? ¿O por el contrario esperas que sea Jesús el que aparezca en medio de tu tormenta o tu necesidad? El poder del ahora es que esperes a que Dios obre en tu vida ahora, no algún día.

Libera tu fe hoy.

El profeta Isaías dijo: «¡Voy a hacer algo nuevo! Ya está sucediendo, ¿no se dan cuenta? Estoy abriendo un camino en el desierto, y ríos en lugares desolados» (Isaías 43:19). Pongan atención a lo que dice: «*Ya* está sucediendo». A veces hay que tomar la decisión y decir: «Ahora». Libera tu fe hoy. Cree que Dios puede mover montañas ahora.

Para Jesús, el milagro de convertir el agua en vino fue el primero de muchos más. ¿Sabes cuándo comenzará el milagro para ti? No es cuando comiences a ver cambiar las cosas, sino ahora mismo. Cuando tu fe diga: «¡Ahora!». Cuando busques a Dios con gratitud y le alabes con fe dondequiera que estés, como sea que te sientas, en ese preciso momento.

Quiero que vivas en el poder del ahora. Es hora de disfrutar. Es hora de vivir. Es hora de reír. Es hora de sonreír. Es hora de dar gracias. Es hora de alabar a Dios. ¿Estás demorando tu milagro? Por favor, no continúes sintiéndote miserable, ni le permitas al enemigo crucificar tu hoy junto al ayer o al algún día. Comienza de nuevo hoy. Pídele a Dios que te haga una nueva criatura.

Nunca habrá mejor momento para dar lo mejor de ti, para darlo todo ni para derramar tu vida sobre Él que ahora mismo. Haz hoy lo que a lo mejor no puedas hacer mañana. Sobre tu pasado no puedes hacer nada, pero si puedes escribir de nuevo el resto de tu vida. Y comienza aquí mismo. Ahora mismo.

> *Sobre tu pasado no puedes hacer nada, pero si puedes escribir de nuevo el resto de tu vida.*

El autor de Eclesiastés escribió que un perro vivo es mejor que un león muerto.[8] Esta interesante declaración significa que con todo y lo poderoso que es un león, si está muerto, no es nada más que una oportunidad perdida. En lo que a él incumbe, se acabó. No quiero ser un león muerto. Prefiero ser un perro vivo. Por pequeño que sea, si respiro, todavía hay vida en mí. Todavía tengo oportunidad. ¡Hoy es el día!

¿Quieres ser libre de vivir en el ayer o en el algún día? ¿Quieres empezar a vivir en el poder del ahora? Comienza a gozarte donde estés. Fija tu corazón y tu mente en Jesús, ya que Él se guardó lo mejor para ahora. Cualquier montaña que exista en tu vida, atácala con fe. Ajústate a su tiempo. Guarda tu fe y libérala para que puedas vivir, reír y disfrutar la vida. No podemos seguir esperando por el momento perfecto, ese momento es ahora.

2

Cómo nacen los diamantes

El sitio donde estás en estos momentos quizás parezca más una tierra estéril que una de diamantes. Quizás estés atravesando un momento difícil. Tu cuenta de ahorros para la vejez quizás se haya roto como un huevo que se cae de una repisa. Tal vez hayas perdido tu empleo. Quizás a tu hijo lo hayan diagnosticado con alguna discapacidad. Quizás estés viviendo alguna afección física u otra situación personal devastadora. Y el peso de todo eso parezca más de lo que puedas soportar.

Anímate. Dios está cavando en ese terreno de diamantes que ya ha engendrado en ti. ¿Recuerdas cómo se forman los diamantes? Con tiempo, calor intenso y presión extrema. Los diamantes que yacen bajo la superficie de tu vida son creados en la misma forma. Existe una razón para el calor. Existe una razón para la presión. Por lo tanto hoy, en este momento, es preciso que sepas que cuando enfrentamos problemas, dificultades y adversidades, Dios ya tiene establecido un plan para darte la victoria en esa situación.

Por eso es que no huimos de las dificultades. No desmayamos. No nos damos por vencidos. Quizás no entiendas todo lo que estás atravesando en estos momentos. Tal vez no tengas respuestas a tus preguntas. Pero a menos que perseveres a través de las dificultades, nunca recibirás los dones, ni las bendiciones, ni los diamantes que Dios producirá a través de ellas. Te aseguro que sé de lo que hablo.

Las bendiciones en la batalla

Cuando tenía aproximadamente dieciséis años, estaba sentado en la parte trasera de una iglesia en Carolina del Norte durante un culto de campamento. Mientras un hombre llamado Ronnie Brock predicaba, yo no podía dejar de llorar. Estaba siendo tocado por el Espíritu Santo, aunque en ese momento lo ignoraba. Durante ese servicio, la Palabra de Dios estaba estremeciendo mis cimientos. «¿Qué me pasa?», me preguntaba mientras las lágrimas caían.

Esa noche, Dios puso su mano en mi vida. «Úsame», le rogué, «dame revelación, dame mensajes. Permíteme predicar como Ronnie Brock. Déjame alcanzar las almas como él».

Sentí que Dios hablaba a mi corazón. *Te escucho.*

Jamás, ni en mis sueños más descabellados, imaginé lo que sucedió luego. Poco después de ese momento que cambió mi vida, aparecieron por todo mi cuerpo grandes forúnculos con ampollas, especialmente en mi cuello, mi espalda y mi cara. A veces afectaba mi nariz, mis ojos y mis labios una hinchazón exagerada. Me sentía humillado. Mirar mi reflejo en el espejo se convirtió en una experiencia horrible. Parecía que cada día traía consigo un nuevo brote, mientras que un médico tras otro prescribía todo tipo de cremas y medicinas. Nada surtía efecto.

Los forúnculos seguían aferrados a mi piel como una pesadilla de la cual no podía despertar. Persistieron por todo un año.

Recuerdo que para ir a la escuela tenía que usar un sobretodo enorme y acolchado con un cuello ancho que me llegaba hasta la nuca. Esperaba que cubriera las protuberancias, pero no surtió efecto. Mis compañeros se dieron cuenta. Y fueron muy crueles. Algunos se burlaban, atacando mis inseguridades y lanzando mi autoestima al piso, mientras trataba de ignorar sus risas. En lo que pareció un instante, pasé de codearme con el grupo más popular, y de ser querido por todos, a ser un monstruo. Nadie quería ser visto conmigo.

Eso me destruyó. Caí en una profunda depresión de la que me costó mucho tiempo salir. La desesperación me embargó. Me sentí sin esperanzas. No podía ver la luz al final del túnel. Eso es algo relevante a los dieciséis años, cuando todos tus amigos se divierten al máximo y tú te sientes como un leproso. Me aterrorizaba pensar en cualquier evento público al que tuviera que asistir. Estaba solo, aislado y deprimido.

En mi desesperación, también clamaba a Dios, pero los forúnculos seguían allí y yo me sentía bajo maldición. Los pensamientos suicidas no tardaron mucho en surgir y asentarse en mi mente de vez en cuando. La única opción parecía que era sucumbir. Con lágrimas en mi rostro, cuestioné a Dios una y otra vez. «¿Qué es lo que haces? ¡Mírame! ¡Mira lo que has hecho! ¡Soy un monstruo!». Le había pedido que me usara y ahora no tenía la valentía para levantarme y mirar a nadie a la cara. «¡Me has destruido!», clamé.

Entonces, a la vida de ese adolescente inmaduro, que estaba marchitándose bajo la confusión, la rabia y la depresión, llegó una mujer de Dios llamada Rachel Joyner. Ella asistía a nuestra iglesia y, por algún motivo, Dios me puso en su corazón.

Repetidas veces ayunaba y oraba por mí. Con la excepción de mis padres, Rachel fue quizás la influencia profética más importante de mi vida, aunque no me percaté al principio.

A menudo me daba tarjetas en las que escribía versículos bíblicos de ánimo. La mayoría de ellos hablaban directamente a mi corazón y a mi situación en el momento preciso y cuando más lo necesitaba. Usualmente llegaban cuando me encontraba en mis peores momentos. Cada vez que me veía, me decía algo como: «Jentezen, un día alcanzarás multitudes». «No tienes ni idea de cómo te va a usar Dios». «La unción está a punto de aumentar en tu vida». Nunca olvidaré cómo se llenaban de lágrimas sus penetrantes ojos al proferir con tal convicción —y exactitud profética— las precisas palabras de ánimo que yo le había pedido a Dios. Sus palabras me tocaron en lo más profundo de mi ser.

Con el pasar del tiempo y como parecía que los forúnculos no iban a desaparecer por el momento, comencé a abrir mi corazón a Dios. Empecé a buscarlo más. No podía ver su plan. No podía ver su propósito. Pero Dios sabía que en el horno de mi aflicción —al calor y la presión— algo estaba obrando en mí.

Incontables días, cuando las purulentas ampollas supuraban en mi cara, falté a la escuela debido al bochorno. Era muy bueno inventando excusas. Me iba caminando o le pedía a alguien que me llevara a la escuela, asistía a la clase básica y luego me iba. Mis padres nunca se enteraron. Siempre hacía mis deberes y sacaba calificaciones decentes. Como tenía llaves de la iglesia de mi papá, permanecía ahí durante horas, escondido debajo de la consola de sonido en el balcón. Nunca me vio nadie. Me quedaba ahí, leyendo la Biblia, escuchando sermones en casetes con mis audífonos y orando hasta la hora de salida de la escuela. La gente que caminaba por la iglesia nunca se enteró de que había un joven bajo la consola de sonido, en el balcón, con una Biblia y un cuaderno, escuchando sermones en casetes. Ese fue mi campo de prueba, mi terreno de diamantes. Un calor intenso y la prueba de toda una vida. Los diamantes de la revelación estaban siendo engendrados en mi espíritu. El llamado de Dios estaba siendo plantado en mi corazón ahí mismo, en su casa, en mi tiempo a solas con Él. La Biblia cuenta que Josué no se apartaba del templo.[1] No puedo dejar de pensar que esa es la razón por la cual Moisés escogió a ese joven como su sucesor. En mi travesía por el desierto, Dios estaba abriendo mis ojos para ver lo que era, lo que no era y quién quería que fuera.

En el momento, no me percataba de la magnitud de lo que estaba sucediendo; sin embargo, estaba alimentando mi espíritu. Estaba combatiendo por mi futuro. Y, en medio del proceso, estaba acercándome a Dios de tal forma que habría sido imposible si no hubiera sido afectado por aquellos forúnculos.

Otras bendiciones se presentaron ese año. Comencé a desarrollar mis dones naturales. Había tocado el saxofón desde los doce años de edad, pero como me había aislado en la casa, pude practicar por muchas horas al día. Fue esa dedicación lo que me llevó a obtener una beca universitaria para estudiar música. Ese verano yo mismo me enseñé a tocar el piano. Bob, un músico amigo de mayor edad, me enseñó algunos acordes y me sirvió de tutor con mi talento musical. Para finales de ese año de enfermedad, comencé a dar clases en la escuela dominical de mi iglesia a jóvenes preadolescentes. Aunque aún no lo sabía, ese fue el comienzo de mi ministerio. Dios estaba respondiendo mis oraciones de manera inesperada.

Al final, cuando ya casi se cumplía un año, salió una nueva medicina que me curó de los forúnculos. Mi piel regresó a su normalidad, pero mi vida cambió para siempre. Me sentí como que tenía vida por primera vez. Al reflexionar me percato de que ni siquiera se me hubiera ocurrido entrar al ministerio si no hubiera sido por ese año de aflicción. Estoy convencido de que hubiera empezado a fiestear con los parranderos y que hubiera comenzado a hacer cosas que me habrían alejado de Dios. Ya había comenzado antes que empezara la enfermedad. Hoy me doy cuenta de cuánto ha moldeado esa etapa la pasión de mis sermones a través de los años. El recuerdo de los momentos de desaliento, y lo desesperado que estaba por algo de ánimo, me ha hecho más sensible a los que atraviesan momentos difíciles. También me ha hecho más consciente de los jóvenes que, a los ojos de la sociedad, no tienen el aspecto adecuado o la ropa apropiada, a quienes otros ridiculizan o menosprecian. Esa experiencia acercó mi corazón a los rechazados, porque yo fui uno de ellos.

Cuando enfrentas una prueba, no va a ser para siempre. El dolor no durará para siempre. El desamor no durará para siempre. La ansiedad no durará para siempre. El temor a lo desconocido no durará para siempre. La desesperación no durará para siempre. Dios puede ponerle fin a la oscuridad.

Dios puede abrir tus ojos para que veas tierras de diamantes en medio de tu aflicción, en medio de la presión y el calor. Solo Él puede transformar un desastre en una lección. Solo Él puede transformar una prueba en un testimonio. Solo Él puede transformar la adversidad en progreso.

El diablo viene para matar, robar y destruir. Y algunas veces Dios permite que el dolor, el sufrimiento y la pérdida lleguen a nuestras vidas. Pero lo que el enemigo cause y lo que Dios permita, de alguna forma serán usados para la gloria de Dios. Él dispone todas las cosas para el bien de quienes lo aman (ver

Romanos 8:28). Esto se refiere a *todas* las cosas. No a algunas cosas. Ni solamente a las cosas buenas. Sino *todas* las cosas. El infierno no puede hacer nada. Aun cuando el enemigo lo envíe, Dios transformará el aguijón en tu carne. Dios lo usará. Y tal y como lo expresó el apóstol Pablo en 2 Corintios 12:9, su gracia bastará.

Diamantes en la inmundicia

Se podría concluir que mi afección física fue un obsequio un poco extraño. De hecho, muchas bendiciones llegan de esa forma. Sin embargo, no es fácil entenderlo cuando atraviesas una situación difícil.

Un ejemplo de una de esas bendiciones se encuentra en esta vieja historia:[2] a un joven de una familia pudiente y distinguida, solo le faltaban pocos meses para graduarse de la escuela secundaria. Le había informado a su padre que quería un auto deportivo como regalo de graduación, uno que fuera veloz y atractivo. Todos los otros padres de la vecindad les habían comprado vehículos a sus hijos como regalo de graduación, por lo que asumió que su mamá y su papá harían lo mismo. Además, él sabía que tenían suficiente dinero para hacerlo.

Él y su padre pasaron meses viendo autos, yendo de un concesionario a otro, hasta que el hijo consiguió el carro perfecto. Cuando llegó el día de la graduación, el padre le pidió a su hijo que se reunieran en la oficina. Cuando entró, se percató de un pequeño paquete con un lazo rojo, puesto sobre el escritorio. El padre sonrió y extendiendo el presente hacia su hijo le dijo: «Este es mi regalo de graduación para ti».

El hijo estaba confundido. Eso no era lo que esperaba. ¿Dónde estaba el auto deportivo? Desenvolvió el regalo y abrió la caja.

Dentro había una Biblia. Enfurecido, el joven cerró de nuevo la caja y la lanzó sobre el escritorio.

«Gracias, papá», respondió con su voz cargada de sarcasmo. «¡Muchísimas gracias!». El joven salió furioso de la oficina, se dirigió a su habitación, empacó sus cosas y se fue de la casa. Nunca más regresó. Y nunca más volvió a ver a su padre.

Años más tarde, regresó a su casa al enterarse de la muerte de su padre. Se sentó en el mismo escritorio, en la misma oficina en la que había rechazado el regalo de su padre. Al revisar algunos papeles, sus ojos se posaron en el obsequio de su padre. Abrió la caja, sacó la Biblia y comenzó a pasar las páginas. De entre las hojas, cayó un cheque, escrito por la cantidad exacta que costaba el carro que había escogido para su regalo de graduación.

El hijo había rechazado el regalo de su padre porque no estaba envuelto en la forma que él esperaba. ¿No sería terrible perderte un maravilloso regalo porque venga envuelto en un paquete inesperado? A los diamantes los esperamos ver en una caja de terciopelo negro, pero cuando son de parte de Dios, nunca vienen así.

Servimos a un Dios que a menudo envía regalos a sus hijos en paquetes extraños. Ciertamente no parecen regalos. Parecen pruebas. Relaciones disfuncionales. Conflictos en los lugares de empleo. Aprietos en el hogar. Pérdidas de empleo. Afecciones de salud. Aflicciones mentales, como depresión y ansiedad. Y si no esperas en Dios, confías en Él y te afianzas en la fe —seguramente— lleno de amargura y desilusión, le devolverás el regalo al Padre celestial y le dirás:

«Señor, esto no era por lo que estaba orando».

«Esto no era lo que esperaba ni por lo que estaba creyendo».

«Esto no era lo que quería».

«Quédatelo. No lo quiero».

Cuando rechazamos el regalo de Dios, despreciamos su plan y su propósito para nuestras vidas. Abandonamos esas tierras de diamantes a las que nos ha llamado.

La Biblia está llena de personas que recibieron regalos envueltos de manera extraña. Job por ejemplo. Dios estaba por hacer algo maravilloso en su vida. Estaba por darle riquezas, una familia maravillosa, muchas propiedades y mucho éxito. Es más, Dios prometió bendecirlo con el doble. Sin embargo, considera los extraños regalos que inicialmente aparecieron a la puerta de Job.

Llega el primer paquete: le roban o le queman sus rebaños y matan a sus sirvientes. Segundo paquete, y quizá el peor que pueda recibir un padre: mueren todos sus hijos. Job quedo sin nada. Sin casa. Sin hijos. Sin Biblia. Sin iglesia. Sin Jesús. Y todo lo que puede decir es: «El SEÑOR ha dado; el SEÑOR ha quitado. ¡Bendito sea el nombre del SEÑOR!» (Job 1:21). ¿Al menos le quedarían sus amigos, su esposa y su salud, o no? Bueno, no tardó mucho en que Job se enfermara. Luego su esposa le dice: «¡Maldice a Dios y muérete!». Y por último, sus amigos lo acusan de hipócrita y sugieren que Dios lo estaba castigando porque hizo algo malo.

Pero, por lo menos Job tenía a Dios, ¿o no? A él no le parecía. «Si me dirijo hacia el este, no está allí; si me encamino al oeste, no lo encuentro. Si está ocupado en el norte, no lo veo; si se vuelve al sur, no alcanzo a percibirlo».[3]

¿Te has sentido así alguna vez? Yo sí. Muchas veces.

Rodeado de esos paquetes de sufrimiento y dolor, Job dijo algo que me encanta: «Yo sé que mi redentor vive».[4] Lo que en realidad quiso decir fue: «Ni el cielo puede quebrantar mi confianza».

Ahora bien, el infierno no puede quebrantar nuestra confianza aunque es obvio que el diablo anda en las suyas. Pero ¿qué pasa cuando Dios permite que ocurran cosas terribles? ¿Qué de las preguntas que nos hacemos en esos momentos? *¿Por qué no salvó a mi esposa? ¿Por qué permitió el sufrimiento de mi hijo? ¿Por qué reapareció el cáncer? ¿Por qué me abandonó mi esposo? ¿Por qué? ¿Por qué? ¿Por qué?* Job se hizo preguntas similares. Pero a final de cuentas, decidió confiar en Dios. «Yo sé que mi redentor vive», concluyó, «y un día, cuando salga de este desastre, seré como oro refinado y le veré cara a cara». ¡Eso es un diamante!

Job pasó la prueba. Y Dios prometió darle el doble de todo lo que perdió. Doble ganado. Doble negocios. Me parece interesante que Dios le dio el doble de todo menos en lo que respecta a sus hijos. Dios le dio otros diez. El mismo número que tenía antes. ¿Por qué? Porque en realidad no los perdió. Estaban sanos y salvos en el cielo.

Quiero animarte a recibir esos regalos de Dios en paquetes extraños. Acéptalos. Aun cuando duelan. Aun cuando no te sienten bien. Aun cuando no los entiendas.

Dios usará tus pruebas

Dios tenía un gran sueño para José que también estaba envuelto en varios paquetes extraños.

El primero aparece en su vida cuando sus hermanos le rasgan la túnica de colores y lo secuestran. Luego lo lanzan a una cisterna para después venderlo como esclavo. José termina en Egipto trabajando en la casa de Potifar. Estando allá, la mujer de Potifar, lo acusa falsamente de violación. Y lo echan a la cárcel por años a causa de un crimen que no cometió. Otro regalo con una envoltura extraña.

Mientras estaba en prisión, José se hace amigo de un copero y un panadero provenientes del palacio real. Y cada uno de ellos tiene un sueño extraño. José, que tenía un don especial, ofrece interpretar sus sueños con una condición: «Acuérdense de mí cuando salgan de prisión». Tras prometer que lo harían, José interpreta sus sueños. El copero y el panadero son presentados ante el faraón y las interpretaciones de José se cumplen. Pero ninguno de los dos cumple su promesa.

Entonces llegó un día en que el faraón tuvo un sueño que nadie podía interpretar. Y el copero por fin habla. «Hay un hombre en la prisión que interpreta sueños. Interpretó uno que tuve y se cumplió». Y en menos de veinticuatro horas, José no solamente sale de la prisión, sino que el faraón queda tan impresionado con él que lo nombró como segundo en autoridad sobre todo Egipto. Esto parecería repentino, sin embargo, la bendición está envuelta en un paquete extraño e inusual.

Unos veinte y tantos años después de que los hermanos de José lo dejaron por muerto, ahora estaban delante de él en un palacio de Egipto. Los papeles se invirtieron. Sus hermanos son los débiles y José es el fuerte. Temblaban delante de él, porque temían que se las cobrara y los echara en un pozo de los suyos. Pero no lo hace. Y en su explicación encontramos su inspiración.

Mientras sus hermanos lloraban postrados delante de él, José les dice: «No tengan miedo. ¿Puedo acaso tomar el lugar de Dios? Es verdad que ustedes pensaron hacerme mal, pero Dios transformó ese mal en bien para lograr lo que hoy estamos viendo: salvar la vida de mucha gente».[5]

José está tan lleno de compasión y sano de tantas heridas en su propia vida, que puede contemplar a sus hermanos, aquellos que le habían hecho tanto daño, y decir: «Lo que me hicieron, lo quisieron hacer para mal, pero Dios lo transformó para mi bien». ¡Ah!

Cuando le pides algo a Dios, no se trata de que te dé lo que pides, sino de que te prepare para que puedas soportarlo. En el sufrimiento, el dolor y la espera es que Dios puede comenzar a moldear y forjar tu alma, tu corazón y tu ego. Eso no sucede cuando todo va por lo alto. Eso no sucede cuando todo está saliendo bien y Dios responde todas tus oraciones a tu gusto. De lo que se trata el asunto es de transformarte en lo que Él te ha llamado a ser. Se trata de que Dios pueda confiarte lo que le has pedido que te dé.

También se trata de que Él pueda usar las circunstancias que atravesamos para que ministremos a otros y así dar gloria a su nombre. No creo que mi ministerio sería lo que hoy es si no hubiera sido afectado por los forúnculos, ni sufrido otras pruebas con el pasar de los años. Cada uno de nosotros pasa por temporadas de sufrimiento, pero Dios las usa para darles paz, consuelo y fe a otros a través de nosotros.

> *Cuando le pides algo a Dios, no se trata de que te dé lo que pides, sino de que te prepare para que puedas soportarlo.*

Pablo entendió esta revelación: «Hermanos, quiero que sepan que», escribió, «en realidad, lo que me ha pasado ha contribuido al avance del evangelio» (Filipenses 1:12). Lo que quiso decir fue: «Sé que hay cosas que vienen a mi vida, ya sea que Dios las envíe o las permita, que serán transformadas para mi bien. Ya saldrá un diamante de esos regalos con envoltura extraña para dar a otros libertad en Cristo, o para sanarlos, o para abrirles puertas de bendición. Me regocijaré en la envoltura de mis regalos, en mi sufrimiento, en mi tribulación. Ya que saldré fortalecido. La fortaleza de

Cristo se perfeccionará en mi debilidad, porque todo lo que me ha pasado ha ocurrido para la extensión del evangelio en mi familia, mi vida y mi mundo».

El propósito de tu existencia no es tener una vida linda, dulce e idílica. Tarde o temprano llegarán a ti y a tu familia las tormentas. No seas de esos cristianos faltos de profundidad y sustancia que no saben qué hacer cuando vienen los problemas. No hagas berrinches. No le devuelvas el regalo al Padre. Acuérdate que Él dispondrá todo para bien. Acuérdate que Dios cava en la tierra para sacar diamantes. Acuérdate que tu fe crecerá por medio de estas cosas.

Hace años prediqué un sermón del libro de Daniel sobre Sadrac, Mesac y Abednego. Lo titulé: «Tres más fuego igual a cuatro». Nabucodonosor, rey de Babilonia, lanzó a estos tres hombres hebreos a un horno de fuego porque se rehusaron a postrarse ante su imagen. Pero no se quemaron vivos. Cuando Nabucodonosor echó una miradita al lugar en llamas, se sorprendió al ver a un cuarto hombre, que parecía Hijo de Dios, caminando con ellos. ¿Qué quiero decir con esto? Algunas veces, la única forma de llegar a Cristo —ese cuarto hombre— es atravesar las llamas.

Aunque lo ignoraba en ese momento, esa mañana se encontraba sentado en la iglesia un hombre con su esposa. Unos meses antes, había sido víctima de un terrible incendio que le dejó quemaduras de tercer grado en más de la mitad de su cuerpo. Le tuvieron que hacer muchas cirugías e injertos de piel. Ese domingo en particular, el hombre le había dicho a su esposa: «Tenemos que ir a la iglesia».

Esto sorprendió a su esposa, ya que tenían mucho tiempo sin asistir. Lo miró atónita y le preguntó que dónde quería ir. Y como cosas del Señor, mencionó la iglesia donde yo iba a estar predicando esa mañana.

Después de escuchar mi mensaje acerca de pasar por las llamas para llegar a Cristo, ese hombre dedicó de nuevo su vida al Señor. Su salvación y la de su familia vinieron en un paquete con envoltura extraña.

Cuando hablé con él después del servicio ese día, me mostró sus brazos. Estaban cubiertos con vendas nuevas que resguardaban las severas quemadas. Y con lágrimas de gratitud en sus ojos y agradecimiento en su corazón por haber experimentado la extraordinaria gracia de Dios, me dijo que había encontrado a Cristo a través de esas extrañas envolturas y las quemadas del incendio. ¡Ah!

Quizás no logremos entender algunas de las cosas que nos pasan en la vida, pero Dios asegura que dispone todas las cosas para el bien de quienes lo aman, los que han sido llamados de acuerdo con su propósito.[6] *Todas* las cosas. No existe nada que te haya pasado que Dios no pueda disponer para tu bien si lo pones en sus manos.

Cómo sobrevivir a tu temporada más difícil

David tuvo una gran revelación y grandes promesas en cuanto a cómo tratar con los tiempos difíciles de su vida. El Salmo 1:1-3 nos da una pista:

> Dichoso el hombre que no sigue el consejo de los malvados, ni se detiene en la senda de los pecadores ni cultiva la amistad de los blasfemos, sino que en la ley del Señor se deleita, y día y noche medita en ella. Es como árbol plantado a la orilla de un rio que,

cuando llega su tiempo, da fruto y sus hojas jamás se marchitan. ¡Todo cuanto hace prospera!

Lo que me encanta de David es que no siempre está contento. Cuando lo estudias en las Escrituras, encuentras ocasiones cuando va por todo lo alto y otras cuando está por lo más bajo y abatido. Es importante saber que David no es un individuo unidimensional. A lo largo de su vida, experimentó todo el rango de las emociones, tal y como nosotros. Ahora, piensa sobre la vida de David por un instante. Este joven fue ungido para ser rey de Israel. Pero antes de su instalación en el trono, fue rechazado por sus hermanos. Fue atacado por un león y casi aniquilado por un oso. Fue tan odiado por el rey Saúl, que lo persiguió como a un perro y trató de asesinarlo en muchas ocasiones. Todo eso en función de preparar a David para lo que había sido ungido. Debes saber esto: Dios ya te ha preparado para sobrevivir a tu temporada más difícil.

Siembra la Palabra en ti mismo

Cuando estés atravesando una temporada difícil, escucharás una voz en tu cabeza que te dirá constantemente que te des por vencido. Tratará de convencerte de que no lo lograrás, instándote a rendirte. Aun hoy en día escucho esa voz en mi mente.

David nos da una poderosa clave en la porción citada anteriormente. Nos insta a meditar en la Palabra de Dios día y noche. En hebreo, el vocablo *meditar* significa «proferir o hablar»; en otras palabras, se refiere a una conversación con uno mismo. Se supone que debes recitarte a ti mismo la Palabra de Dios durante tus temporadas difíciles.

Cuando el enemigo te ataca y trata de derrotarte, deprimirte o humillarte, es cuando debes contraatacar con tus palabras:

«La Palabra de Dios dice que he sido bendecido grandemente por Dios» (ver Efesios 1:3).

«Soy hijo de Dios y Él me ama» (ver 1 Juan 3:1).

«Nunca he visto los justos en la miseria, ni que sus hijos mendiguen pan» (Salmos 37:25).

«Dios le pone fin a mi oscuridad».

«No voy a estar abatido todo el tiempo».

«No voy a estar solo todo el tiempo».

«No voy a estar en necesidad todo el tiempo».

«Soy alguien».

«Tengo un lugar a donde ir».

«Por causa de Jesucristo, voy a hacer algo grande con mi vida».

Debes comenzar a decirte lo que la Palabra afirma sobre ti. Dentro de tu mente solo habrá o palabras de bendición o palabras de maldición. Palabras de ganador o palabras de perdedor. Palabras de victoria o palabras de derrota. Debes decirte la Palabra de Dios a ti mismo en los momentos difíciles.

Esto es lo que Rachel me inspiró a hacer cuando llegó a mi vida en medio de mi más profunda depresión. Cuando comencé a darme cuenta del poder de las Escrituras, empecé a cambiar la forma en que yo mismo me hablaba. Empecé a decir quién era de acuerdo a lo dicho por Dios, no lo que yo pensaba de mí o lo que otros decían de mí. Tus conversaciones contigo mismo te pueden colocar en el gozo o en la miseria. La evidencia de dónde está tu fe es patente por lo que sale de tu boca.

La primera forma de sobrevivir a tu temporada más difícil como hombre o mujer de bendición es meditando en la Palabra de Dios y no dejarla apartarse de tu boca.[7] Por eso es tan importante la conversación consigo mismo. ¡Confiesa lo que Dios ha declarado sobre tu vida!

Sé plantado como un árbol

La segunda forma de sobrevivir a tu temporada más difícil es ser plantado como un árbol. ¿Qué clase de árbol? Uno que dura más de una temporada. Un árbol que en una temporada es fructífero y productivo durante meses y en otras, externamente parece estéril. No tiene hojas. Sus ramas están vacías. Pero sigue plantado. Sobrevive esa temporada para poder dar fruto en la próxima.

Considera el propósito de tu congelador. En su interior colocas cosas que quieres, pero para después. Planeas disfrutar las cosas que estás congelando en el momento apropiado. Cuando atravieses temporadas que se vean feas, estériles y sin fruto, llegará un momento en el que Dios te descongelará si perseveras y sobrevives al frío. Precisamente en esa área que parecía sin esperanza, serás fructífero. Precisamente en esa área estéril, producirás. Precisamente en esa área de desesperación, se las harás pagar al infierno.

Pero debes permanecer plantado en la Palabra. En la iglesia. En la oración. En tu matrimonio. En tu familia. Puede que pases muchas temporadas, pero como árbol que eres, tu labor es continuar plantado.

Después que el diablo fue arrojado del cielo, Dios lo maldijo. El enemigo no tiene lugar donde plantarse. No pertenece a ningún lugar. Job 1:7 nos dice que ronda la tierra, recorriéndola de un lado a otro. También sabemos por medio de 1 Pedro 5:8 que anda como león rugiente. ¡En ningún lado se arraiga!

Cuando no te plantas en una iglesia, en comunión con otros creyentes y, más importante aun, con Dios, te comportas de igual manera. Estás rondando «de un lugar a otro». ¡Y eso es una maldición!

La bendición de Dios se hace presente cuando tienes una relación, bien sea el pacto del matrimonio o la casa de Dios. No abandones el poder de la comunidad. Cuando te encuentres en una temporada difícil, sigue plantado. No te muevas. Sigue en tu matrimonio. Sigue en tu iglesia. Sigue en la oración. Sigue en la Palabra. Cava en tu propio terreno y permanece donde Dios te ha plantado.

> *Satanás conoce tu potencial y su mayor temor es que descubras quién eres realmente, cuál es tu verdadero valor y cuál tu verdadero destino.*

No entenderemos todo lo que nos pase en esta vida. Algunas de las pruebas que atravesamos son difíciles. Unas duelen. Otras nos destrozan el corazón. Sin embargo, «den gracias a Dios en toda situación, porque esta es su voluntad para ustedes en Cristo Jesús» (1 Tesalonicenses 5:18). Observa que no dice *por* toda situación, sino *en* toda situación. Cualquiera que sea la situación en la que te encuentres en estos momentos, da gracias. Transforma tu dolor y tus lágrimas en alabanza. Convierte tu sufrimiento en una declaración de fe que diga: «Señor, confío en ti aun cuando no te entienda. Confío en ti aun cuando no tenga explicación de lo que estoy atravesando. ¡Yo sé que mi Redentor vive!».

Cuando tu situación no sea la que esperabas o lo que querías, cualquiera sea el dolor, las lágrimas o la angustia, permanece firme en tu fe y confía en el amor de Dios. Quizás estés pensando: *Qué bueno será cuando cesen estos ataques y pueda estar tranquilo.* ¡Qué ingenuo! Si haces cualquier cosa significativa para Dios, te convertirás en un imán para los ataques. Eres muy valioso para el reino. Satanás conoce tu potencial y su mayor temor es que descubras quién eres realmente, cuál es tu verdadero valor y cuál tu verdadero destino.

3

El mandamiento «Quédate aquí»

Alrededor de 1840, Edmund McIlhenny se trasladó de Maryland a Louisiana en busca de fortuna. Fue muy exitoso en la industria financiera. McIlhenny, que era un ávido conocedor de alimentos y horticultor, se alegró mucho cuando alguien le dio unas semillas de ajíes *Capsicum frutescens* provenientes de algún lugar en México o América Central.[1] Un relato sugiere que fue un soldado de la guerra méxico-americana quien le dio unos ajíes secos de México. Como sea que fuera que los obtuvo, McIlhenny se enamoró de su picante sabor y guardó las semillas. Lo que sí sabemos es que ese exitoso banquero sembró las semillas de ají en su plantación de azúcar en la isla Avery. Lo que en realidad no era una isla, sino un gran cerro de sal pero que hoy en día se ha convertido en importante atracción turística.

Cuando la guerra civil llegó a Louisiana, McIlhenny, junto a otras familias, huyó hacia otros lugares, principalmente a Texas. Al finalizar la guerra, regresó a casa. Cuando McIlhenny contempló lo que habían sido sus hermosas plantaciones de azúcar, todo lo que vio fue devastación. La plantación destruida. La casa saqueada. Los campos arrasados. Los cultivos destrozados. Las cercas incineradas. Los implementos de trabajo hechos trizas. Y luego, en medio de toda esa devastación, sus ojos se posaron sobre la evidencia de vida. Vida fragante, fructífera y en desarrollo. Lo único que había sobrevivido en esa expansión estéril fueron las plantas de ají. ¡Había por todos lados!

Al ver la devastación de la isla, las otras familias hicieron planes para irse. Quizás razonando algo como: «¡Todo está destruido! No queda nada. Aquí no podremos sobrevivir». Y se marcharon, quizás rumbo a Nueva Orleans o de regreso a Texas.

Sin embargo, McIlhenny se quedó.

Con su casa en ruinas, su billetera vacía a causa de la colapsada economía, desempleado y sin prospectos de trabajo, se le ocurrió una idea. «Tengo suficiente sal, ajíes en abundancia y un poco de vinagre en un barril de güisqui por ahí». Y en 1868, McIlhenny hizo un puré con los ajíes y la sal, lo dejó macerar por un tiempo y luego le agregó el vinagre.[2] En ese momento, había creado una salsa picante que nadie en esa región del país había probado. La salsa era tan buena que tanto él como su esposa empezaron a usarla con todo lo que comían. Considerando lo desabrido que era la comida de la región para esa época, la salsa logró elevar la comida a otro nivel. Había descubierto algo.

Un día, encontró unas pequeñitas botellas de perfume que alguien había tirado a la basura. Las sacó, las limpió y las llenó de salsa. Comenzó a regalárselas a sus amigos y familiares, a los cuales les encantó y hasta pedían más. Después las repartió como muestras a los comerciantes mayoristas. A ellos también les gustó y pidieron más. Comenzó a venderla en los restaurantes de Nueva Orleans. Muy pronto empezaron a llover los pedidos.

Todos pedían la salsa de McIlhenny o, como la conocemos hoy en día, la salsa picante original Tabasco.

Esta compañía de propiedad privada en la actualidad se jacta de controlar de un veinte a un veinticinco por ciento del mercado y tiene una valoración neta de más de dos millardos de dólares. Todos los días se producen más de setecientos cincuenta mil botellas, etiquetadas en más de veinte idiomas y dialectos, y es distribuida en tiendas y restaurantes en más de ciento sesenta países. Es una compañía familiar, una organización que abarca cinco generaciones. Todo ello a causa de un hombre que no tenía nada sino ajíes, pero decidió quedarse.

Imagínate si McIlhenny hubiera visto su propiedad devastada y hubiera huido como todos los demás. Cinco generaciones se habrían perdido esta megabendición, ¡cinco generaciones! Me pregunto cuánto nos perdemos cuando, en vez de permanecer plantados, huimos hacia la vereda más fácil.

Quédate donde estás

Veamos esto a través del lente espiritual. ¿Qué tan positivamente respondes al mandamiento de parte del Señor: «quédate donde estás»?

Te lo digo de otra forma. Cuando estás orando por algo y nada sucede, ¿qué haces? Cuando no se resuelven las cosas, ¿sigues adelante? Y cuando siembras en algún lugar, en alguien o en algo que Dios te ha llamado a hacer, pero no se produce nada, ¿qué haces? No sé cómo hayas contestado estas preguntas, pero te diré cuál debe ser tu respuesta.

Si Dios te ha llamado a un lugar específico, a una relación específica, a un empleo específico, a un sueño específico, a una comunidad específica, no importa cuán infructíferas parezcan las cosas, debes permanecer donde estás. No te rindas. No empaques las maletas. No te vayas a ningún otro lugar que parezca mejor. Quédate. Cuando todos se hayan ido, tú quédate. Cuando estés en medio de una sequía y no haya señal de lluvia, tú quédate.

En Génesis 26, leemos sobre Isaac, el hijo de Abraham, quien vivía en un lugar llamado Guerar durante una hambruna. Dios le advirtió que no fuera a Egipto, sino que se *quedara donde estaba*. Le prometió que lo bendeciría sin medida. Que cumpliría el voto que hizo a su padre, de que su descendencia se multiplicaría como las estrellas en el cielo. Isaac se quedó. Y sembró en la tierra. Ese mismo año cosechó cien veces más de lo que sembró.

En este bendito país, Estados Unidos de América, en realidad no entendemos lo que es una hambruna. Nos quejamos de que nos estamos «muriendo del hambre» si perdemos el almuerzo. Recuerdo cuando visité a Haití después del terremoto de 2010. Vi a cientos de personas, adultos y niños, que pasaban semanas sin comer. Recuerdo haber alzado a un bebé en mis brazos. Su barriguita estaba terriblemente hinchada y su cabello se estaba poniendo anaranjado, síntomas de desnutrición. Fue increíble. Las lágrimas. La tristeza. El hambre. Las moscas. La devastación. Las enfermedades. La escasez de agua. La falta de higiene. Eso es lo que sucede cuando hay hambruna. Nadie tiene comida. Nadie tiene agua. Nadie tiene nada. Esa era la misma situación en el tiempo de Isaac, cuando Dios le ordenó quedarse donde estaba.

Me parece interesante que años antes, Abraham también sufrió la hambruna.[3] Él decidió dejar la Tierra Prometida y huir a Egipto. Abraham pudo haber cometido un error, pero Isaac no lo repitió. No hizo lo que su papá había hecho. Quizás Guerar no era un lugar perfecto, ni era tan bonito como Egipto, pero era el lugar donde Dios quería a Isaac.

Hubiera sido mucho más fácil para Isaac dejar Guerar e irse a Egipto, donde había abundancia de comida y todos se divertían. Pareciera que cada vez que pasamos dificultades, siempre podemos conseguir a alguien que vive en algún otro lado que está mucho mejor. Y, a menudo, ni siquiera viven para Dios. ¿Te has sentido así como cristiano? Como si estuvieras en medio de una hambruna en la Tierra Prometida y todos los demás están prosperando en Egipto. Yo sí. Y te diré lo que hago. Me quedo donde estoy.

Esto hace un gran contraste con lo que pasó cuando una mujer llamada Noemí se encontró en medio de una hambruna en Belén. En hebreo, Belén significa «casa de pan». Algo anda mal cuando la casa de pan no tiene ni una migaja. Por lo cual Noemí, su esposo, Elimelec, y sus dos hijos escaparon de la hambruna huyendo de Belén, la casa de pan. Viajaron hacia Moab, un país que quedaba a aproximadamente a unos cuarenta kilómetros, no muy lejos. Escapar parece la solución lógica cuando estás en medio de una hambruna, todos mueren de hambre y el resto de las familias huyen en busca de alimento.

Pero es que cuando estás en Belén, cuando estás en la casa de Dios, la casa de pan, aun cuando carezca de alimento, no debes huir. Debes quedarte y perseverar. No me importa cuán grande sea tu llamado a un lugar, un negocio, un matrimonio, un empleo o una obra, las dificultades llegarán. Tiempos de necesidad. Experimentarás batallas. Como sucederá igualmente con tu relación con Dios. Algunas veces, aun cuando estás en el lugar para el cual Dios te ha destinado, vas a sentirte espiritualmente seco. No puedes escucharlo. No lo puedes sentir. Puede que vayas a la iglesia. Puede que leas la Biblia. Puede que hagas todo correctamente. No logras apreciar la sensación electrizante de su presencia. Sin embargo, por sobre todas esas cosas, debes perseverar.

Tendemos a apresurarnos a abandonar el barco y saltar a cualquier otro lugar que parezca mejor. Siempre buscando algo afuera que sea más fácil, más bonito o más joven, o menos complicado, o que tenga mejor vista o mejor código postal. Lo cierto es lo siguiente: si has sido llamado a una casa de pan en específico, aun cuando carezca de pan, quédate ahí hasta que reaparezca el pan. Porque a su tiempo regresará. Algunas veces Dios permitirá que atravieses una hambruna para medirte, para probarte, para ver lo que se encuentra en tu corazón. Cuando eso suceda, quédate hasta que reaparezca el pan.

> *Si has sido llamado a una casa de pan en específico, aun cuando carezca de pan, quédate ahí hasta que reaparezca el pan. Porque a su tiempo regresará.*

Cuando Noemí y su familia llegaron a Moab —que por cierto, era conocido como un lugar bajo maldición— sucedió una tragedia. Elimelec murió. Después falleció uno de sus hijos. Y luego el otro. Noemí se encontró sola en Moab, acompañada solamente por sus nueras. Con el tiempo, Noemí se enteró que había pan en Belén, por lo que ella y Rut —una de sus nueras— regresaron a la ciudad que había dejado. ¿Se imaginan? Noemí y su familia intercambiaron una hambruna por tres funerales. A veces es mejor pasar el peor día donde Dios te ha colocado que el mejor en cualquier otro lado.

Este es el lugar

Es fácil pensar que Dios va a hacer algo grande en lugares remotos, sin embargo puede hacer proezas en un envase polvoriento. Cuando parece que tus sueños o tus recursos perecen, Dios estará contigo. Y te ayudará.

Isaac sabía eso. Él no dejó que una tierra, cual envase polvoriento, lo intimidara o le impidiera obedecer el mandato de Dios. Me encanta lo que hace —en medio de la hambruna— y en la medida en que prosperaba, comenzó a cavar pozos. Abraham había hecho lo mismo unos años antes, pero los filisteos los habían rellenado. Isaac buscó los mismos pozos y comenzó a cavar. Y cuando consiguió agua en el primero, los filisteos comenzaron a pelear con él. Sin embargo, el conflicto no impidió que siguiera cavando más pozos. Al primer pozo lo llamó Esek o «pleito» y comienza a cavar el próximo. Se aparecen los filisteos y empiezan a pelear de nuevo. A Isaac no le importa. Él no dice: «¡Esto es muy difícil! Tengo que irme a otro lugar». Él se queda y llama al segundo pozo Sitna, o sea, «enemistad». Cuando cava el tercer pozo, los filisteos se dan cuenta de que Isaac no se va a ningún lado. A ese terreno lo llama Rehobot o «lugar espacioso», porque «El Señor nos ha dado espacio para que prosperemos en esta región» (Génesis 26:22). Me agrada su persistencia. ¡Isaac tomó la determinación de seguir cavando pozos hasta que consiguió su lugar espacioso!

Debes enviarle esta misma señal al enemigo. Mantente firme donde estás. Sigue cavando donde estás. Si Dios te ha llamado a un lugar específico que parezca un envase polvoriento, quédate tranquilo y di: «No me voy. Este es el lugar». Si los demás son crueles, sé fiel. Si te sientes solo, sigue confiando. Si te parece que la promesa no llega, sigue creyendo.

63

Cuando Moisés y el pueblo de Israel se encontraban en el desierto, en una de muchas ocasiones, el pueblo comenzó a gimotear y a quejarse.[4] «¡Nos morimos de sed!». «¡Nos morimos de hambre!». «¡No hay nada de comer ni beber!». «¡Estamos cansados!». «¡Hace calor!». Muchos pensaban: *Esto es ridículo. ¿Por qué se nos ocurrió hacerle caso a Moisés e irnos de Egipto? Regresemos.*

Pero Dios dijo: «Este es el lugar». Y allí, en medio del desierto, sin comida ni bebida, Dios le dijo a Moisés que se quedara. Y más aún, le dijo que hiciera algo más: «Moisés, llama al coro de levitas. ¡Es hora de comenzar a cantar!».

Así me imagino esa patética escena. La gente está en medio del desierto. Hay polvo por dondequiera. Un calor insoportable. Tienen tiempo marchando y están cansados. Pero el coro se levanta y comienza a cantar:

> ¡Que brote el agua! ¡Que cante el pozo!
> ¡Pozo que el gobernante cavó con su cetro y que el noble abrió con su vara![5]

Y mientras cantan, me imagino a los sacerdotes golpeando la tierra con sus varas. *Pum. Pum. Pum.* Pareciera que lo único que están haciendo es levantar polvo. Algunos comienzan a toser. Otros se atoran. Pero continúan golpeando la tierra y el coro sigue cantando. Me imagino a uno de los sacerdotes golpeando la tierra con su vara, pero esta vez se queda atascada. No la puede sacar. Entonces llama a Moisés. Entre los dos, agarran la vara y, con toda su fuerza, logran desatascarla. Pero espera, la punta de la vara está chorreando agua. Y Moisés dice: «¡Golpea de nuevo!». Y con el coro —¡Que brote el agua!— como escenario, el agua comienza a brotar de la tierra seca.

¡Este es el lugar!

Si Dios te ha llamado a algún sitio, aun cuando la situación esté plagada de problemas, ese es el lugar.

Dios obra en lugares inusuales. En lugares sorprendentes. En lugares estériles. Jesucristo brotó como raíz en tierra seca. Lázaro resucitó después de cuatro días de muerto, hediondo a deterioro y podredumbre. Dios encontró a Moisés en el desierto. Y a Job en medio de la prueba. Encontró a los tres jóvenes hebreos en el horno de fuego. Y a Daniel en el foso de los leones. Encontró a Elías bajo el enebro, deseando la muerte. Dios encontró a Jeremías en una fosa, a Pedro en una prisión y a Pablo en una tormenta. Dios usa lugares inusuales para revelar su gloria a través de ellos.

Haz lo mejor que puedas con lo que tienes.

Si te encuentras en un lugar inusual, no corras. No empaques las maletas. Sigue firme y siembra en esa tierra. Haz lo mejor que puedas con lo que tienes. Dios es fiel. No te desamparará en el lugar al cual te ha llamado.

Este es el lugar.

Lo que está hecho pedazos puede ser restaurado

Puede ser que hayas alcanzado la cima del mundo con un gran sueño con grandes expectativas y esperanzas. Y hoy tu sueño está hecho trizas. Quizás fallaste. Quizás pasó algo y no fue tu culpa. Aún se puede hallar tesoros en ese lugar. Dios todavía puede producir un diamante. ¡No te des por vencido! Dios es el restaurador del lugar donde están los sueños deshechos.

El multimillonario magnate de bienes raíces y coleccionista de arte Steve Wynn es famoso por resucitar y expandir la industria de los hoteles y casinos de lujo en Las Vegas durante los años 1990. Llenó las calles de la ciudad con notables casinos como el Mirage, el Bellagio y el Wynn. También conocido por su amor al arte, algunas piezas de su colección, valoradas en millones de dólares, se exhiben en sus hoteles.

En el año 2001, Wynn adquirió una famosa pintura de Picasso. Compró *Le Rêve* o «El sueño», en francés, por un monto no revelado, pero estimado en cerca de sesenta millones de dólares. Se comenta que Picasso, que tenía cincuenta años para ese entonces, la pintó en una sola tarde en 1932. La mujer, en la codiciada obra de arte, es su novia de veintitantos años. A Wynn le gustaba tanto ese cuadro, que consideró ponerle ese nombre a uno de sus hoteles. Cinco años más tarde, decidió vender *Le Rêve*, a uno de sus amigos, Steve Cohen. Este había codiciado ese cuadro por mucho tiempo. Los dos hombres de negocio acordaron el precio de ciento treinta y nueve millones de dólares. Para ese entonces, era la obra de arte más costosa jamás comprada. Unas semanas más tarde, Cohen contrató a una inspectora de arte profesional para evaluar la condición de *Le Rêve*. Encontrándola en perfectas condiciones y merecedora de cada centavo de su valor, ella aprobó la venta.

El fin de semana siguiente, el magnate organizó un banquete en su hotel Wynn para agasajar a unos amigos que estaban de visita desde la ciudad de Nueva York. Entre sus invitados estaban Nora Ephron, Barbara Walters y la exeditora de la revista *Vogue*.

Mientras el grupo de celebridades disfrutaban del vino y la cena, Wynn les comentó a sus invitados sobre la inminente venta de su apreciado cuadro. Intrigados al oír hablar de esa obra de arte, pidieron verla. Wynn, invitó a los asistentes a ir a su oficina al día siguiente, donde había trasladado recientemente el *Le Rêve*.

El día siguiente, sus amigos se reunieron en su oficina para admirar el cuadro. Estaba montado sobre la pared, rodeado de otras obras famosas, incluidas unas pertenecientes a Matisse y a Renoir. Mientras sus invitados proferían palabras de admiración y elogio ante la representación del sueño de Picasso, Wynn comenzó a exponer una pequeña lección de arte sobre el famoso pintor y sobre la obra de arte en particular. Se colocó de espaldas a *Le Rêve*, celebrando ese sueño en una de las últimas noches que tendría el cuadro en su posesión.

Por causa de una condición oftálmica que afecta su visión periférica (y sin siquiera pensar en lo que hacía), Wynn dio un paso atrás e hizo un gesto con su mano derecha, golpeando involuntariamente la obra maestra. Por todo el salón, se escuchó el sonido inequívoco de una rasgadura. Wynn le había hecho un hueco al cuadro con su codo derecho.

Todos los presentes inhalaron audible y abruptamente al observar la rasgadura de cinco centímetros en el lienzo.[6] El sueño de ciento treinta y nueve millones de dólares se había hecho pedazos. Rasgado. Arruinado.

Más tarde, esa semana, la esposa de Wynn llevó el cuadro a Nueva York para mostrárselo a su corredor de arte. Ambos acordaron que la transacción se pospondría hasta que se pudiera determinar la dimensión total de los daños. Al final, el contrato de venta fue cancelado y el asegurador del cuadro lo devaluó a ochenta y cinco millones, una pérdida de cincuenta y cuatro millones de dólares.[7]

Sin embargo, ahí no termina la historia. Wynn consiguió a un reconocido restaurador de obras de arte que acordó restaurar el cuadro a su condición original. Me imagino que ese cirujano del arte diría algo así: «Señor Wynn, creo que puedo reparar este sueño rasgado. Es más, estoy seguro de que puedo hacerlo y, cuando haya acabado, lo voy a dejar de tal forma que se verá mejor que antes que fue roto».

Wynn decidió quedarse con el cuadro después que el restaurador lo reparó. Sin embargo, seis años más tarde, se lo vendió a Cohen por ciento cincuenta y cinco millones de dólares.[8] *Le Rêve* valió más después que fue roto y restaurado: ¡dieciséis millones más!

Lo que has atravesado, en realidad, te hace más valioso. Piénsalo. El mismo coleccionista de arte, que no quiso invertir en el sueño, luego invirtió en él dieciséis millones más después que fue dañado y restaurado. Quizás algunas de esas personas que te han rechazado sean las mismas que terminen creyendo más en ti.

Dios es especialista en restauraciones. Él no te ha eliminado de su plan ni su propósito, simplemente porque hayas sido hecho pedazos, rasgado o roto por el fracaso. Él promete restaurar los años que la langosta devoró.[9] Es posible que te hayas equivocado. Es probable que hayas cometido errores. Quizás hayas hecho un mal negocio o tomado una mala decisión. Quizás pienses que tu fracaso te impida descubrir tu verdadero valor y tu potencial. Hoy quiero decirte que tu fracaso no es el punto final. Tú puedes ser sanado y restaurado por el poder de Jesucristo. Dios todavía puede usarte en este lugar.

Como pastor con más de treinta años de experiencia, he notado un aumento de la gente que se encuentra en lugares de incredulidad y desesperación. En los últimos dos años, he oficiado y asistido a más funerales por causa de suicidio que durante todo el tiempo que he estado en el ministerio. El índice de suicidios es enorme y sigue creciendo. En los últimos treinta años ha aumentado en casi todos los estados y, en la mitad de ellos, ha habido un aumento superior al treinta por ciento. El suicidio ocupa el décimo lugar entre las causas de muerte, y la segunda posición entre las personas de quince a treinta y cuatro años de edad.[10]

Al escribir esto, recordé a dos célebres personajes que se quitaron la vida: la icónica diseñadora de modas Kate Spade, fundadora de una compañía avaluada en un millardo de dólares y el célebre chef, presentador de televisión y escritor Anthony Bourdain. Se trata de dos exitosas y adineradas personas que tenían todo lo que uno pueda imaginar que el mundo pueda dar. Y aún así, llegaron a un punto en sus vidas de total desesperanza. ¡Muy doloroso!

Está sucediendo algo y es muy real. La gente está perdiendo la esperanza por diferentes razones. Quizás sea debido a una adicción, a una carrera laboral frustrada, a una depresión severa, a un matrimonio fracasado, a una relación destruida. Muchas veces tiene que ver con el fracaso. Pienso que a veces lo que pasa es que la gente cae, comete un error o toma una decisión que trae destrucción a sus vidas y entran en un ambiente de desesperanza. Algunos caen profundamente en el pecado, buscando aquello que pueda traer felicidad y terminan destruidos internamente. Si esa es tu historia, quiero decirte que *a lo mejor conseguiste lo que querías, pero no tienes que quedarte con lo que tienes*. En Cristo hay gracia, perdón y restauración. Tu fracaso no tiene que ser el final. Puedes ser restaurado ahí, en tu quebrantamiento.

Agradezco tremendamente que la Biblia nos muestre historias de personas, no solamente por sus actos heroicos, su justicia, su bondad o su amor a Dios. Sino que también nos enseña sus grandes fracasos. No da todo el relato. No me puedo identificar con alguien que siempre es fuerte, pero sí me identifico con alguien que tiene tanto fortalezas como debilidades. Abraham fue el padre de la fe, pero también tenía un problema con la mentira. Pedro era valiente y atrevido, pero también tenía mal genio. De hecho, se enojó tanto en una ocasión, que le cortó la oreja a un hombre. Esa es una realidad que nos recuerda que no importa cuánto hayamos fracasado en nuestras vidas, Dios acude a encontrarnos, donde estemos, con gracia, misericordia y perdón.

Un sueño destrozado en las manos apropiadas

Cuando escuché la historia de *Le Rêve*, una de las primeras cosas que pensé fue en la importancia de poner nuestros sueños destrozados en las manos apropiadas. Cuando fracasas, cuando fallas, cuando cometes errores, una de las mejores cosas que puedes hacer es poner tu fracaso en las manos del crucificado Jesucristo.

Él sabe cómo restaurar. Observa la palabra *rest* (que significa descanso, en inglés) como parte del término castellano *restaurar*. Es importante. Medita en ese descanso como un período de espera. Eso significa que cuando Dios restaure tu sueño destrozado, va a requerir tiempo. Va a necesitar tiempo para sanar tu matrimonio destrozado. Va a requerir tiempo restaurar la vida que ha sido devastada por las drogas y el alcohol. Va a requerir tiempo dejar que Dios te sane. Pero si le das ese lugar en pedazos, Él te restaurará.

Eso refleja lo que hay en el corazón de Jesús: perdón. Él está vivo y bien, está listo para restaurarte con un espíritu de bondad. Justo cuando pensabas que debía darte tu merecido y que debía juzgarte severamente, Jesús —al contrario— dice: «Te amo. Te sanaré. Te restauraré. Te usaré. Y cuando termine contigo, tu valor será mucho mayor que antes».

El enemigo pudo haber desgarrado y dejado tu vida hecha pedazos, pero Jesús dice: «Ven, yo te daré vida abundante». Escúchalo, Jesús es el lugar seguro. No hay nada que hayas hecho o que puedas hacer que su gracia no pueda perdonar ni restaurar. No te rindas simplemente por cualquier fracaso, daño o situación dolorosa que haya llegado a tu vida. Todavía tienes mucho por vivir. Todavía tienes muchos logros por delante. Todavía tienes muchas victorias que ganar, si solo dejas que Dios restaure lo que el enemigo ha hecho pedazos. David cantó: «Pero de una cosa estoy seguro: he de ver la bondad del Señor en esta tierra de los vivientes» (Salmos 27:13). ¡Dios te proveerá lo mejor de Él!

Los terrenos difíciles nos llevan a lugares altos. Dios no va en busca de los lugares perfectos para ti. Él obra en sitios sorprendentes. Por lo tanto, ya sea que estés en medio de una hambruna o en medio de un sueño hecho pedazos, permanece fiel. Es hora de vencer tu renuencia a comprometerte hasta el final. Si es que has tenido catorce empleos, has asistido a veinte iglesias y has saltado de una relación a otra, permite que te pregunte algo. ¿Cuándo te vas a detener? ¿Cuándo vas a dejar que Dios te plante permanentemente? ¿Cuándo te vas a plantar hasta que comiences a llevar fruto? Porque será entonces, y solo entonces, que tendrás felicidad y satisfacción.

Mantente en conexión. Permanece lo suficiente para permitir que Dios te ayude a enfrentar a tus gigantes, conquistar tus montañas y cosechar tierras de diamantes en tu propio terreno.

4

Abre mis ojos

El hombre de visión no ve las cosas como son. Como dice en Hebreos 11:13: «Todos ellos vivieron por la fe, y murieron sin haber recibido las cosas prometidas; más bien, las reconocieron a lo lejos y confesaron que eran extranjeros y peregrinos en la tierra». La visión te dará la fortaleza necesaria para perseverar en los tiempos difíciles.

¡Tu visión es tu victoria!

El primer trabajo real de Jan Cooley fue en la línea de inspección de una planta procesadora de pollos. Después de su primer día, su mamá le preguntó cómo le había ido.

«No creo que eso me guste mucho, mamá», respondió el adolescente quinceañero, «pero pienso que lo aguantaré por el resto del verano».

Ese joven, producto de una familia trabajadora, la cual vivía en un pueblo donde se procesaba algodón, sabía el valor que tenía un poco de dinero extra en el bolsillo. Durante los siguientes veinte años, Jan trabajó en el negocio de las procesadoras de pollo en diferentes posiciones. Cargaba camiones, llenaba los depósitos refrigerados y, con el tiempo, llegó a ser gerente de control de calidad en J. D. Jewell, Inc., la planta procesadora de pollos más grande de la región. Después de ser despedido por rehusarse a distribuir producto precocido que estaba medio crudo, comenzó a pensar en trabajar para sí mismo. Soñó en poder ser el dueño de su propio negocio algún día. Dos décadas más tarde, cuando estaba en sus cuarenta años, Jan abrió su negoció aunque con pocos recursos.

> *La visión te dará la fortaleza necesaria para perseverar en los tiempos difíciles.*

Después de fundado en 1987, Kings Delight rápidamente creció en tamaño y en ganancias. A lo largo de los siguientes diez años, Jan absorbió una compañía procesadora de pollos y se expandió a cinco instalaciones de producción. Para el año 2001, ya empleaba a más de mil personas, y sus ventas excedían los cien millones de dólares mundialmente. Jan continuó construyendo su negocio de pollos, adquiriendo y vendiendo varias compañías a la vez que incursionaba en otras empresas también.

Jan es un amigo de confianza. Cuando me contó su historia, aprendí cosas fascinantes sobre él y su emprendedora travesía. Lo que más me impresionó fue cómo sus ojos siempre estuvieron abiertos a la oportunidad. Jan tiene el don de la previsión. Desde el principio, pudo mirar hacia adelante y ver la próxima gran oportunidad. Por ejemplo, abrió una planta deshuesadora de muslos donde el trabajo se hacía a mano mientras que otras compañías lo hacían con máquinas. Su visión de intentar un método diferente aumentó su rendimiento y calidad, lo que resultó ser un elemento vital de su éxito. No muchos años después, Jan previó arriesgar e invertir una cantidad de capital significativa para crear una planta procesadora de productos avícolas totalmente cocidos. Aun en el primer verano en que abrió la planta, el negocio se disparó, permitiéndole abrir dos plantas más con el mismo tipo de producto.

Desde el principio, Jan se involucraba en las operaciones cotidianas. Nunca dejó desperdiciar nada. Caminaba por las plantas todos los días, observando lo que estaba o no estaba rindiendo y tomaba medidas inmediatas para remediarlo. Quizás muchos hubieran pasado u obviado esas ineficiencias, pero ese no era el caso con Jan. Le prestaba atención a todo.

Jan atribuye parte de su éxito a las personas que han trabajado para él. Ellos son muy importante para él. Su visión no era solo ver el potencial de su compañía, sino también el de sus empleados. En vez de reclutar para su empresa a líderes corporativos de otras compañías, veía diamantes en aquellos que ya trabajaban para él. Jan elevó a personas ordinarias a posiciones de alto rango. Los colocó como supervisores, gerentes y ejecutivos, los cuales le ayudaron a construir un negocio internacional exitoso. Quizás otros los habrían menospreciado, pero Jan creyó en ellos.

Jan y su esposa, Betty, son unas de las personas más altruistas que conozco. Se dedican a dar a la gente necesitada de la ciudad y la comunidad. Han recibido numerosos premios por su benevolencia. También han dado a nuestra iglesia en abundancia, ayudándonos con cada proyecto de nuestro ministerio que ha sido usado para alcanzar a multitud de almas. Jan sería el primero en decirte que Dios ha abierto sus ojos para ver los diamantes que nadie más podía ver. Lo que otros estaban dispuestos a derrochar u obviar llegó a ser un tesoro para el alcance de las almas y el establecimiento del reino de Dios.

El rey David oró a Dios: «Ábreme los ojos, para que contemple las maravillas de tu ley» (Salmos 119:18). Esta oración es fundamental para nuestro tránsito por la vida. Es especialmente crucial cuando estés pasando por el fuego y la presión. Dios puede abrir tus ojos para ver potencial, belleza, vida aun donde otros no puedan verlos. Puede que no parezca posible en el ámbito natural pero, si lo pides, Él te revelará las tierras de diamantes que no puedes ver.

Cuando el rey de Siria salió a pelear contra Israel, rodeó con miles de soldados armados —con caballos y carros de combate— la ciudad donde posaba el profeta Eliseo. Cuando el siervo de Eliseo lo despertó en la mañana, este salió de su casa y se encontró con una escena aterradora. El enemigo había venido a matar a Eliseo y a su siervo. Lleno de pánico, el siervo corrió de nuevo a la casa. Con temor en sus ojos clamó: «¡Ay, mi señor! ¿Qué vamos a hacer?».

Eliseo, inmutable, le dijo a su siervo: «No tengas miedo. Los que están con nosotros son más que ellos».[1] Y luego rogó a Dios que *abriera los ojos de su siervo* para que viera.

Quiero que apartes un momento mientras lees este libro y coloques una mano sobre tus ojos y digas: «Espíritu Santo, abre mis ojos». Disponte a recibir visión de parte de Él.

Cuando Dios abrió los ojos del siervo de Eliseo, el joven vio cómo los caballos y los carros de fuego cubrían la montaña alrededor de Eliseo. ¡El ejército de Dios! Cuando Dios abre tus ojos puedes ver la provisión. Cuando Dios abre tus ojos puedes ver la dirección correcta. Cuando Dios abre tus ojos puedes ver la protección que los ojos enceguecidos no pueden ver. Si le pides a Dios que abra tus ojos, podrás ver carros de fuego alrededor de tu familia, alrededor de tu matrimonio, alrededor de tu dolencia, alrededor de tu enfermedad, alrededor de tu depresión y alrededor de tu ansiedad. Cuando piensas que no le importabas, que no te entendía, que no se movía, te darás cuenta de que Dios estuvo ahí todo el tiempo.

Dios también puede abrir tus ojos a lo que tienes en este momento, aun en un lugar que parezca desolado. Proverbios 17:24 nos provee una visión de cómo podemos poner de nuestra parte para descubrir lo mejor de Dios en nuestras vidas. «La meta del prudente es la sabiduría; el necio divaga contemplando vanos horizontes».

En otras palabras, cuando eres sabio, puedes ver y apreciar lo que está a tu alrededor. Puedes ver y apreciar a las personas cercanas, como tu familia. Puedes ver y apreciar las cosas que tienes, como tu empleo. Puedes apreciar el lugar al cual Dios te ha llamado, aun cuando no sea exactamente lo que esperabas.

¿Y el necio? Sus ojos divagan contemplando vanos horizontes, a todos lados, excepto aquí y ahora. Porque piensa: *Si tuviera esto. Si tuviera aquello. Si pudiera ir aquí. Si pudiera ir allá. Si tuviera a ese hombre y no este. Si tuviera a esa mujer y no esta. Si tuviera su empleo o su talento, o si me dieran esa oportunidad.* Los necios no aprecian lo que tienen.

Los sabios aprenden a valorar lo que Dios les da. Se quedan firmes. Se disciplinan. Se quedan plantados. Permanecen donde

> *Cuando eres sabio, puedes ver y apreciar lo que está a tu alrededor. Puedes ver y apreciar a las personas cercanas, como tu familia. Puedes ver y apreciar las cosas que tienes, como tu empleo.*

Dios los ha llamado hasta que los dirige a moverse. Los sabios ven oportunidades donde hay devastación. Ven vida en medio de la sequía. Sueños en medio del quebrantamiento. El sabio valora lo que tiene. *No pases por alto el potencial del lugar donde estás.* Cuando estás en la tierra a la cual Dios te ha llamado, todo aquello con lo que sueñas se encuentra allí, solo tienes que atreverte a sembrar.

El primer paso para comenzar a ver el tesoro dentro de ti y del lugar donde estás es comenzar a mirarte en el espejo de la Palabra de Dios. Este te muestra en realidad quién eres y quién serás.

A veces me encuentro mirándome en un espejo natural y Satanás se encarga de mostrarme todos mis defectos. «Debieras estar haciendo tanto por Dios. No eres lo suficientemente bueno. Eres una basura. No eres un buen padre. No eres un buen esposo. No eres un buen predicador. Nunca llegarás a ser nadie». Esto a lo mejor te parezca sorprendente, pero yo escucho esa voz. Y he aprendido que la única forma de derrotar esos pensamientos de desesperanza y oscura depresión es seguir mirándome en el espejo adecuado.

Mírate en el espejo adecuado

El primer recuerdo que Marina Chapman tenía era estar jugando en el patio de su casa cuando tenía cinco años. Seguidamente recuerda una mano oscura cubriendo su boca con un paño blanco. Recuerda que la lanzaron en una camioneta y la llevaron a lo profundo de la selva colombiana.

Sus raptores la abandonaron en la selva, donde se encontró totalmente sola. Cuando llegó la noche se metió debajo de un arbusto. Los misteriosos sonidos nocturnos hacían eco a su alrededor. Imagínate la clase de terror que estaría sintiendo esa chiquilla. Llorando, temblando, gimoteando de miedo y llamando a una madre que nunca llegó.

Al día siguiente, Marina caminó por horas, buscando señales de vida humana. No consiguió a nadie. La noche llegó de nuevo y Marina se acurrucó tratando de ignorar los sonidos de las hojas y el crujido del follaje. Agotada, con el corazón roto, sedienta y hambrienta, se quedó dormida. Cuando despertó, estaba rodeada de monos. Grandes. Pequeños. Adultos y jóvenes. De pronto, uno de los más grandes se separó del círculo y se le acercó. Marina estaba aterrorizada. Cuando ese mono estuvo cerca, estrechó su brazo y la golpeó por el costado. Otro hizo lo mismo y comenzó a meter sus dedos en el cabello y en la cara de la niña. Los monos más pequeños, por curiosear, empezaron a tocar y a punzar a Marina con sus dedos mientras proferían sonidos espeluznantes.

«¡Déjenme en paz!», gritó Marina, y al rato los monos perdieron su interés en ella. Pero Marina comenzó a observarlos y los siguió. Los vio comer nueces y bayas. Los vio tomar agua con hojas gigantes. Así que hizo lo que hacían los monos. Ellos se acostumbraron a su presencia y le permitieron sentarse con ellos en los árboles. Hasta consiguió un rincón en uno y durmió allí con ellos. Al final, la aceptaron plenamente en la familia.

Los días se hicieron semanas. Y las semanas se hicieron meses. Los meses se hicieron años. Sin contacto humano ni comunicación verbal. Sin ropa ni escuela. Sin siquiera vislumbrar a un ser humano. Ahora su vida era vivir con los monos. Y Marina comenzó a sentirse cómoda con lo que la mayoría de nosotros consideraría un infierno. Empezó a caminar en sus cuatro extremidades. Subía árboles. Olvidó cómo hablar su propio idioma y aprendió a comunicarse con los monos.

Un día, todo cambió. Sentada sobre un árbol, Marina se percató de un objeto brillante que estaba sobre el suelo de la selva. Se bajó del árbol para recogerlo. Se entretuvo con el extraño objeto por un rato, dándole vueltas en sus pequeñas manos. Luego se dio la sorpresa de su vida: ¡estaba vivo! Había dos ojos, una nariz y una boca que la miraban. Parecía un animal salvaje. Nunca había visto algo parecido. Asustada, Marina tiró el objeto al piso y salió corriendo.

Pero como todavía sentía curiosidad, más tarde volvió a buscarlo y lo miró de nuevo. Y fue allí cuando entendió. El objeto no estaba vivo. Lo que la miraba no era un animal salvaje. Era un espejo que reflejaba una imagen, una cara. Su cara.

Por primera vez, desde lo que podía recordar, vislumbraba quién era. No era como los monos. No había nacido para ser lo que ellos eran. No sabía exactamente qué o quién era, pero ahora sabía lo que no era. Como ella misma lo explicó luego: «Había olvidado que era un ser humano y ahora me lo habían recordado».[2]

El tener conciencia de quién era —o quién no era— lo cambió todo. Después de cinco años en la jungla, Marina fue descubierta por unos cazadores. Tuvo unos años difíciles después de eso y antes de ser rescatada por una familia en Bogotá, Colombia, que la enviaron junto a otros niños vulnerables a Inglaterra donde estarían a salvo. Allá, con el tiempo, se casó y tuvo dos niños. Hoy, Marina tiene casi setenta años. Entre sus pasatiempos favoritos están el subir árboles y arreglarle el cabello a su nieta.

Esta extraordinaria mujer solo tuvo que mirar en un espejo para ver quién era, quién no era y en lo que se convertiría.

La vida a lo mejor te diga que eres un adicto, un fracaso, un desastre, poco inteligente, sin mucha belleza o un bueno para nada. Pero si miras en la Palabra de Dios, verás que eres perdonado. Verás que eres cabeza y no cola.[3] Verás a un Dios que tiene propósito para tu vida. Quizás alguien te haya dicho que eres un inútil, pero tu Padre celestial dice que eres una diadema real en las manos del Dios vivo.[4]

No naciste para ser adicto. No naciste para vivir en la condenación y la culpa porque hayas fracasado. Has sido creado a la imagen del Dios vivo y Él ha dicho que has sido creado de forma bella y maravillosa.[5] ¡Tierra de diamantes!

No importa cuán indigno te sientas, por la sangre de Cristo y el poder de la cruz, Él te sacará de la jungla de tu depresión, tu baja autoestima y tus sentimientos despreciables. Y una vez que hayas visto quién eres realmente en el espejo de la Palabra de Dios, nunca más serás el mismo. Tu experiencia en la jungla quedará arruinada.

Efesios 1:17-19 nos dice:

> Pido que el Dios de nuestro Señor Jesucristo, el Padre glorioso, les dé el Espíritu de sabiduría y de revelación, para que lo conozcan mejor. Pido también que les sean iluminados los ojos del corazón para que sepan a qué esperanza él los ha llamado, cuál es la riqueza de su gloriosa herencia entre los santos, y cuán incomparable es la grandeza de su poder a favor de los que creemos. Ese poder es la fuerza grandiosa y eficaz que Dios ejerció en Cristo.

Cuando mires el espejo de las Escrituras, tus ojos serán iluminados y verás lo que Dios ve.

Cuando Dios te ve no mira solamente tus fracasos. No ve solamente tus luchas. Dios superpone su imagen, en ese espejo celestial, sobre lo que eres en el presente y ve a Jesús. Él mira todo lo que puedes ser. Si leemos y escuchamos la Palabra de Dios continuamente, esta comenzará a cambiar el concepto de lo que somos. Él nos dice: «Te estoy cambiando. Si estás en Cristo, eres una nueva creación. Lo viejo ha pasado, ha llegado lo nuevo».[6]

Piensas que no tienes valor, que las tierras de diamantes nunca podrían existir ni en tu vida, ni en tu casa, ni en ningún lado a donde Dios te haya llamado. Hoy te diré que eres la justicia de Dios en Cristo Jesús. Eres un caminante sobre las aguas. Eres uno que mueve montañas. Eres un derribador de gigantes. Eres un hijo del Dios altísimo. Eso es lo que eres.

Visualiza la imagen

Quizás has estado aferrado a las promesas que Dios te ha dado sobre el lugar donde estás actualmente, pero te frustra que no se estén cumpliendo. Puede ser porque no estás haciendo lo siguiente: tienes que dejar que la promesa se convierta en una imagen.

Cuando estábamos pensando en construir nuestro primer edificio, pasamos un tiempo muy involucrados con la fase inicial, reuniéndonos con arquitectos, creando planes y diseños. Yo había escuchado de una iglesia relativamente nueva en Charlotte, Carolina del Norte, que era similar a lo que queríamos. Así que decidí ir a echarle un vistazo.

Cuando la vi, quedé anonadado. El edificio era inmenso. El diseño arquitectónico era asombroso. Tenía vidrios por todos lados. Era una iglesia muy linda. De inmediato, se formó una imagen de nuestra iglesia en mi mente, con facciones similares. Recuerdo que me paré en la plataforma de aquella iglesia mirando hacia los asientos vacíos. Me podía imaginar los mismos asientos en nuestra iglesia en Gainesville, llenos con personas siendo impactadas y exaltando a Jesús. La visión de lo que sería nuestra iglesia estaba firmemente establecida en mi mente.

Antes de partir, pasé por la librería y compré una postal del edificio. Me la llevé de vuelta a casa y la guardé en la gaveta superior de mi escritorio. Todos los días miraba la postal e imaginaba a nuestra iglesia. Es cierto que todavía no habíamos ni limpiado el terreno, ni teníamos el dinero necesario para construir. Pero tenía la imagen. Y todos los días, sacaba la postal de mi escritorio pensando en la iglesia que tendríamos algún día. Cuando comenzó la construcción y teníamos algunas dificultades, yo le echaba un vistazo a la postal para recordarme a dónde íbamos. Cuando sabes que vas a un mejor lugar y fijas tus ojos en esa imagen, puedes tolerar el lugar donde estás porque sabes que solamente es temporal.

No puedes llegar a un lugar que no puedes ver. No podrás encontrar tierras de diamantes hasta que obtengas una imagen divinamente inspirada de su parecer. Tal vez veas el lugar donde estás como un campo de fracaso, una tierra de dolor, un hogar de amarga contención, un lugar de desastre. Todas cosas negativas. Debes visualizar una imagen y meditar en «todo lo verdadero, todo lo respetable, todo lo justo, todo lo puro, todo lo amable, todo lo digno de admiración, en fin, todo lo que sea excelente o merezca elogio» (Filipenses 4:8).

Dios te ha llamado a donde estás con una razón. Allí hay promesa. Un propósito. Es hora de empezar a convertir todo eso en una imagen, no importa lo que parezca tu vida o el lugar donde estás ahora. Recuerda que a las imágenes se las revela en un cuarto oscuro.

Visualízate amado. Visualízate íntegro. Visualízate prosperando. Visualízate con una familia unida. Visualiza un trabajo en paz. Visualízate haciendo la diferencia. Visualiza a tus hijos sirviendo a Dios. Visualiza a tu cónyuge asistiendo a la iglesia. Visualízate impactando a tu comunidad. Visualízate bendecido.

Visualízate gozoso. Visualízate derrotando tu adicción. Esto es lo que Dios ve para ti. Él está contigo, ¿quién podrá estar contra ti? Visualiza esa imagen en tu mente.

Tu vida siempre irá en la dirección de la imagen predominante que crees en tu mente. Así que imagínate las cosas adecuadas.

Cuando Moisés envió a los doce espías a inspeccionar la Tierra Prometida, les pidió que trajeran frutas. Es como si estuviera diciendo: «Quiero transformar la promesa en una imagen». Los espías trajeron uvas del tamaño de las sandías. ¡Qué imagen! Pero no captaron la imagen. Al contrario, regresaron hablando del tamaño de los gigantes. Esa fue la imagen en la que se fijaron. Debieron haber regresado viendo la imagen de la tierra fértil que Dios les había prometido. Debían haber sido dotados de confianza, sabiendo que podían derrotar a los gigantes porque Dios es más grande que ellos.

La imagen es importante. Esto es bíblico. Dios le dio una promesa a Abraham, pero también le dio una visión. Le dijo: «Abraham, sé que ya eres un hombre viejo. Y sé que tu esposa pensó que te estás poniendo senil cuando le dijiste que iba a quedar embarazada, pero en caso de que no creas mi promesa, mira hacia los cielos. Cuenta las estrellas. Así de numerosa será tu descendencia.[7] Cuando oscurezca, mira hacia arriba». Dios le dio a Abraham una visión en la noche. Le dio una imagen.

La imagen es importante.

Divísalo y créelo

En la Biblia, una y otra vez, vemos la manera en que Dios les da a sus hijos una imagen, un sueño, una ilustración con el fin de hacer más claras sus promesas.

En Jueces 7, Dios le prometió a Gedeón que entregaría a los madianitas y los amalecitas en sus manos. A primera vista, el mísero ejército de Israel compuesto de trescientos hombres no se comparaba con el número, los recursos y los planes de los ciento treinta y cinco mil soldados de Madián. Gedeón no estaba convencido. La promesa no era suficiente para él.

Y Dios lo sabía. Por lo que le dijo a Gedeón: «Si no me crees, baja primero al campamento, con tu criado Furá y escucha lo que digan. Después de eso cobrarás valor para atacar el campamento».[8]

Gedeón obedeció las instrucciones de Dios. Se escondió en las afueras del campamento enemigo, observando y escuchando. Vio a miles y miles de soldados. Armados y peligrosos. Listos para la batalla. Me imagino que no fue un panorama esperanzador para Gedeón. Entonces escuchó a uno de los soldados contarle a uno de sus compañeros un perturbador sueño que tuvo. El soldado estaba fuera de sus casillas. «No lo vas a creer», le dijo lleno de pánico a su compañero. «¡Una hogaza de cebada rodó por la colina y nos arrolló a todos! ¿Lo puedes creer?».

Su amigo inhaló abruptamente y palideció. «Eso no es un simple sueño. ¡Yo sé quién es esa hogaza de cebada! Es Gedeón, el líder del ejército de Israel. ¡Dios ha entregado a Madián y a todo el campamento en sus manos!».[9]

Tan pronto escuchó esto... ¡bum!, Gedeón visualizó una imagen en su mente. Vio el cumplimiento de la promesa de Dios. Vio la victoria. Vio cómo lo usaba Dios. Vio su tierra de diamantes. Después de formar esa imagen en su mente, comenzó a adorar a Dios.

Una promesa de Dios constituye una revelación de sus divinas intenciones para tu vida a través de las Escrituras. La clave es convertir la promesa en una imagen. Nunca poseerás las promesas de Dios hasta que las visualices. Si las ves, entonces Dios las puede cumplir. Antes de que una promesa o profecía se pueda manifestar, tienes que visualizarla en tu mente. Si la ves, la puedes tener. Si la ves, Dios puede hacerlo. Si la ves, puede hacerse realidad.

Si estás luchando con una adicción, entra en las promesas de Dios. La Palabra dice que puedes ser libre. La tierra de diamantes es tu libertad. Comienza a renovar tu mente. No te veas como un don nadie. No te veas como un adicto. No te veas como un fracaso. Llénate con las palabras de Dios y crea una imagen mental de tu caminar en libertad.

Creer en algo es esencial, pero verlo también lo es. Donde no hay visión, el pueblo se extravía (ver Proverbios 29:18). En otras palabras, si no hay visión para el futuro, no habrá poder en el presente. Mientras más visión tengas para tu futuro, más poder tendrás para tu presente.

Me encanta lo que dice Jack Nicklaus, ganador de grandes campeonatos y para muchos el mejor jugador de golf de la historia: «Nunca golpeé una pelota, ni siquiera en las prácticas, sin tener una imagen clara y nítida de la jugada en mi mente. Es como una película a todo color».[10] Si tu mente es persuadida por la imagen, tu cuerpo responderá. Deja que la promesa de Dios para ti forme una imagen en tu mente, y Él se encargará de hacerla realidad.

Recuerdo cuando Dios comenzó el proceso por el que me llamaba a predicar. No sabía cómo iba a ser o cómo iba a llegar hasta allá, pero lo podía visualizar. Me vi predicando en la televisión. Vi las cámaras antes de tener el dinero para comprarlas. Vi una iglesia que era bendecida y ganaba almas para Cristo. Me vi como ganador. Me vi triunfando.

He estado en Free Chapel por más de treinta años, pero la iglesia ha existido por más de sesenta y cinco. El pastor anterior, Roy Wellborn, planificó que predicara en campaña allí todos los años, cuando yo trabajaba como evangelista a tiempo completo. La última vez que prediqué para el pastor Wellborn, lo habíamos programado con nueve meses de anticipación. Sin embargo, justo antes de mi visita, él se enfermó, fue hospitalizado y falleció. Murió el viernes por la noche y yo iba a predicar ese domingo. Te imaginas lo incómodo que me sentí detrás del púlpito dos días después de su muerte, púlpito que ese amado hombre había ocupado fielmente por más de tres décadas. Tan pronto como finalizó el servicio de la mañana, trajeron el féretro y oficiaron el servicio fúnebre del pastor Wellborn.

En ese momento, yo no tenía la menor idea de que estaba allí de acuerdo al plan del Dios todopoderoso. Estoy seguro de que cuando el pastor Wellborn planeó que predicara en su iglesia, no tenía idea de que iría al cielo esa misma semana, o que Dios ya me había escogido a mí como su remplazo.

Pero aun cuando Dios me guio a Free Chapel y llegué para predicar la primera vez, ya yo tenía una imagen en mi mente que Dios me había dado para esa iglesia. No vi una iglesia con problemas. No vi una iglesia medio vacía. No vi una iglesia que permanecía pequeña. Dios me dio más que una promesa; me dio una imagen y yo la visualicé.

Cuando ya tenía pastoreando uno o dos años en Free Chapel, trajimos a un predicador invitado, al doctor Bob Harrison, para que expusiera el mensaje. Nos enseñó sobre cómo tener una mentalidad de milagros. Utilizó el relato de Jesús llamando a Pedro al ministerio. Pedro había estado pescando toda la noche. Y cuando llegó el día, no había sacado nada. Jesús estaba a punto de pedirle a Pedro que lo siguiera, pero si lo hubiera hecho en ese momento, ¿cuál habría sido la imagen en la mente de Pedro? Redes vacías. Jesús sabía eso. Y no quería que Pedro tuviera una mísera imagen del trabajo de salvar almas. Él quería que Pedro pensara en grande. Y para que eso sucediera, necesitaba darle una imagen. Entonces le dijo a ese futuro discípulo que tirara la red al otro lado de la barca. Cuando Pedro obedeció, sacaron tantos peces en la red que comenzó a romperse.

Entonces Jesús le pidió a Pedro que lo siguiera. «¡No temas! ¡Desde ahora serás pescador de hombres!» (Lucas 5:10). En aquella crucial encrucijada en la vida de Pedro, él no tenía una mísera imagen de alcanzar un puñado de almas para Jesús. Tenía una mentalidad de milagros, una imagen de sobreabundancia. Pedro lo podía ver y así lo creyó.

Cuando escuché la enseñanza de este principio, lo entendí inmediatamente. Eso reforzó dentro de mí una mentalidad de redes llenas, no vacías. Y con el tiempo, Dios comenzó a hacer eso realidad en nuestro ministerio. Miles y miles de personas hicieron profesión de fe en Jesucristo. Pero primero tuve que visualizarlo.

Albert Einstein dijo: «La imaginación es más importante que el conocimiento. El conocimiento es limitado. La imaginación envuelve al mundo».[11] El conocimiento solo se refiere a acontecimientos. La imaginación te puede llevar más allá de los acontecimientos. Ese fue el caso en la Biblia de la mujer con el flujo de sangre. El conocimiento le dijo que tenía una enfermedad en la sangre, que había gastado todo su dinero en médicos que no le fueron de ayuda, y que su situación no tenía esperanza. Su imaginación le dijo que si tocaba el borde de las vestiduras de Jesús, si solamente tenía un punto de contacto con el Sanador, estaría bien. Esa mujer desató su fe más allá de los hechos. Cuando ella formó una imagen en su mente y la obedeció, fue sanada.

Los hechos quizás te digan que no debes creer. Los hechos quizás te digan que no puedes formar un negocio exitoso. Los hechos quizás te digan que tienes todas las de perder. Los hechos quizás te digan que no tienes suficientes estudios, que no tienes conexiones, que te hace falta el apoyo que necesitas. Pero si obtienes una imagen de parte de Dios, tendrás una visión para el futuro. Y siempre eso es más que suficiente.

Pídele a Dios una imagen de tu tierra de diamantes. Y acto seguido, visualízala y créela. Nada es imposible para Dios. Tú tienes más potencial del que piensas. Puedes lograr más de lo que la mayoría de las personas esperan de ti. Si la puedes visualizar, puedes transformarte en ella. Pide a Dios que abra tus ojos al potencial del lugar donde estás en este momento.

5

Infierno en el pasadizo

He escuchado decir que cuando Dios cierra una puerta, abre una ventana. Es cierto, pero también es verdad que a veces el pasadizo es un infierno.

Algunas veces cuando se cierra una puerta, la otra no se abre de inmediato. Estás parado en el pasadizo. Te sientes atascado en ese lugar sin instrucciones ni orientación. El problema que tenemos la mayoría de nosotros es que carecemos de paciencia cuando estamos esperando en ese lugar intermedio. Allí, donde estás en este momento, se está efectuando un trabajo. Quizás no estés consciente de ello, pero sin ese trabajo nunca estarás equipado para lo que Dios tiene para ti en el futuro.

¿Estás atravesando el oscuro pasadizo del divorcio en estos momentos? O quizás vas por el oscuro pasadizo de los desastres económicos. El oscuro pasadizo de la depresión. El oscuro pasadizo del fracaso. El oscuro pasadizo de las dolencias y las enfermedades. Dios no ha terminado su obra en ti. Quiero mostrarte cómo puedes caminar por el pasadizo sin desanimarte. Cuando parece imposible ver una tierra de diamantes, debes hacer esto en el lugar intermedio:

- Recuerda que el Señor es tu portero.
- Agradece a Dios por esas puertas que no se abrieron.
- Haz de la adoración tu prioridad.

Recuerda que el Señor es tu portero

Las Escrituras nos enseñan que Dios es nuestro portero. «El que tiene la llave de David, el que abre y nadie puede cerrar, el que cierra y nadie puede abrir: Conozco tus obras. Mira que delante de ti he dejado abierta una puerta que nadie puede cerrar» (Apocalipsis 3:7-8). Dios abre y cierra puertas.

Cuando estás en el lugar intermedio y estás tratando de llegar a otro destino, hay algo a lo que se llama puerta. Esta separa a una habitación de la otra. Esto es importante, porque significa que no tendrás que ir muy lejos para hacer la transición. A veces pensamos que vamos a permanecer en el infierno del pasadizo por siempre. Pero en realidad, aun al leer este libro, Dios puede colocar una puerta en tu vida, por lo que podrás caminar por el fuego, salir del pasadizo y llegar al otro lado.

Es probable que en un instante estés en un lugar de dolor y Dios, a través de una puerta, te transporte a otro de gozo. Puede que en un momento estés en un lugar de quebranto y Dios, a través de una puerta, te dirija a un lugar de plenitud. Solamente se necesita una puerta. Y con un solo paso la puedes atravesar; entonces todo cambia.

El Señor es tu portero. No lo olvides nunca.

Las puertas abiertas te dan acceso a algo. Y las puertas cerradas te lo niegan. Si confías en Dios, tu portero, Él te permitirá o negará acceso a su plan y propósito para tu vida.

Cuando los hijos de Israel escaparon de la esclavitud de Egipto, Dios separó las aguas del mar Rojo para que pudieran pasar sobre tierra seca. Dios abrió una puerta. Y cuando el agua regresó a su curso normal y se tragó al ejército egipcio que perseguía a Israel, Dios la cerró.

A veces olvidamos que Dios todavía es Dios. Él es poderoso. Es fuerte. Es potente. Y tiene el control. Si quiere cerrar una puerta, lo hará. Si quiere abrir una puerta, lo hará. Lo único que se necesita es estar en el lugar indicado en el momento indicado. Aun cuando en el pasadizo te alcancen las llamas, recuerda quién es tu portero.

La vida tiene porteros. Algunos te pueden dejar afuera. Te pueden impedir el acceso a algo o a alguien. Te pueden hacer sentir como que no perteneces a ese lugar. Quizás intenten bloquear tu progreso. Quizás intenten impedir que persigas lo que Dios quiere para tu vida. Quizás intenten reprimir tu fe en la existencia de las tierras de diamantes, aun en las pruebas. Pero no son ninguna competencia para Dios. Él puede abrir puertas que ningún hombre puede cerrar. No me importa a quién le disgustes ni quién no crea en ti, si Dios ha dispuesto que estés en algún lado, te llevará hasta allá. Si le has pedido que te revele una tierra de diamantes, recuerda que Él es tu portero. La humanidad no tiene control de la puerta que te hará salir del pasadizo. Ni tampoco el diablo.

El Señor es tu portero.

Cuando el ángel movió la piedra de la entrada de la tumba de Jesús, Dios abrió la puerta a su resurrección y a nuestro gozo. Abrió una puerta que ningún hombre pudo cerrar. Si te rindes a Dios en tus horas de pruebas y tribulaciones, Él abrirá las puertas adecuadas y cerrará las que no lo son.

Sé que el pasadizo puede ser un infierno. Y cuando te encuentras en él, la tentación de rendirte es grande. Recuerda las palabras del apóstol Pablo:

> Así que no pierdan la confianza, porque esta será grandemente recompensada. Ustedes necesitan perseverar, para que, después de haber cumplido la voluntad de Dios, reciban lo que él ha prometido. «Pues dentro de muy poco tiempo, el que ha de venir vendrá y no tardará. Pero mi justo vivirá por la fe. Y si se vuelve atrás no será de mi agrado». Pero nosotros no somos de los que se vuelven atrás y acaban por perderse, sino de los que tienen fe y preservan su vida.
>
> Hebreos 10:35-39

Dios está contigo en el pasadizo.

No te rindas. No te des por vencido. No estás vencido. No eres débil. Eres fuerte por medio de la sangre de Cristo. Eres poderoso. «¡Eleven puertas sus dinteles! ¡Levántense, puertas antiguas! ¡Que va a entrar el Rey de la gloria! ¿Quién es este Rey de la gloria? El SEÑOR, el fuerte y valiente, el SEÑOR, el valiente guerrero».[1] Te sale mejor pelear una batalla junto a Dios que jugar sin Él en Disneylandia.

Agradece a Dios por esas puertas que no se abrieron

Me alegro cuando Dios me abre una puerta. También he aprendido a agradecerle por las puertas que no se abrieron.

Cuando nuestra hija Connar tenía diecisiete años, se llevó un susto muy grande en California. Una noche, después del culto de los jóvenes, recogió algo de ropa en la casa y se dirigió a la de una amiga donde iba a pernoctar. A las diez de la noche, la mayoría del condado de Orange está cerrado. Todo estaba tranquilo cuando se detuvo en el semáforo con la luz roja. El único carro que había se encontraba delante de ella, parado ante el mismo semáforo. Cuando se encendió la luz verde, el chofer del auto aceleró por unos segundos pero luego frenó abruptamente. Connar intentó detenerse a tiempo, pero aun así, chocó contra la parte trasera del vehículo. Mi hija, que era una conductora nueva, y apenas tenía su licencia hacía dos semanas, se volvió como loca. Era su primer accidente en el carro que le acabábamos de comprar. La idea de tener que decirnos a Cherise y a mí que había chocado, la aterrorizaba. El pánico y las lágrimas la agobiaron.

El otro conductor le hizo señas para que se detuvieran en el estacionamiento adyacente a la calle. Así lo hizo, todavía temblando y llorando sin consuelo. El estacionamiento estaba vacío. Y oscuro. El otro chofer, que parecía cuarentón o cincuentón, se bajó de su auto. Según el relato de nuestra hija, se veía «normal» y comenzó a hacerle preguntas «como cualquier otro padre».

—¿Estás bien? Este carro no es tuyo, ¿verdad? Tus padres se van a enojar mucho cuando vean el daño que has causado.

Luego le preguntó qué edad tenía.

—Diecisiete —contestó Connar, entre lágrimas y con las manos temblorosas.

El hombre hizo una breve pausa y luego dijo:

—Perfecto.

Un poco más tarde, la respuesta que le dio en ese instante la atormentaría. Sin embargo, en ese preciso momento, Connar no percibió ningún peligro, ya que no estaba en sus cabales. Más que nada, estaba angustiada por el accidente. El hombre continuó haciéndole preguntas un rato más. Poco a poco, Connar comenzó a tomar conciencia de que esa era una situación muy peligrosa. Dándole un rápido vistazo a ambos carros, finalmente evaluó la magnitud del daño. Su carro no había sufrido ninguno, pero el de él tenía una gran abolladura en la parte trasera. Entendió que tenía que salir de allí lo más pronto posible.

Connar se sentó en el lado del pasajero, con sus piernas hacia afuera y hurgó en la guantera buscando los papeles del seguro. Todavía llorando, le entregó al hombre la tarjeta del seguro y le dijo:

—Copie la información, así me puedo ir a mi casa.

Él la miró y sonrió con malicia. Con una mano puesta sobre el borde de la puerta le dijo:

—Eso no es lo que quiero.

— ¿Qué es lo que quiere? —preguntó Connar aterrorizada.

— Me parece que vamos a tener sexo en el asiento trasero de este carro y tú no le vas a decir nada a nadie.

— Ah... usted es un pedófilo —susurró Connar horrorizada.

Él, riéndosele en la cara le dijo:

—Nadie te creerá.

Connar recordó que su mamá le había dicho que si alguna vez se encontraba en ese tipo de situación, que actuara como una loca. *Grita y forma un escándalo con todas tus fuerzas.* Y eso, exactamente, fue lo que hizo. En cosa de segundos, mientras gritaba, cerró la puerta del lado del pasajero, se pasó al lado del chofer, activó los seguros de las puertas y comenzó a sonar la corneta incesantemente. Cuenta mi hija que eso fue todo un milagro. En ese momento, ella supo qué hacer para evitar que la situación desencadenara un evento desastroso. El hombre quedó aturdido. En ningún momento anticipó que hiciera eso. A través de las ventanas entreabiertas lo oía decir: «Cálmate. Cálmate un poco».

Y así, entre los gritos de Connar y el chillido de la corneta, el hombre corrió a su carro y se marchó, desacatando la luz roja en su prisa por salir del lugar. Fue entonces cuando ella pudo llamar a la policía. Connar recuerda al oficial de policía que acudió al lugar y le dijo que ese era el nuevo método que los depredadores sexuales estaban usando para atrapar a sus víctimas. «Es un milagro que no te haya noqueado», le dijo. También se enteró que la enorme abolladura que vio en su carro era de un incidente previo en el que intentó la misma treta con otra chica.

Estoy sumamente agradecido porque los planes del enemigo de destruir a mi hija fracasaron. Esa noche, Cherise y yo agradecimos a Dios de rodillas por lo que no sucedió. Sé muy bien que no todas las historias tienen un final feliz como el nuestro. Algunas veces en este mundo quebrantado, a personas buenas, y sin ninguna explicación de parte de Dios, le pasan cosas terribles. A todos nos suceden cosas malas, pero pienso que aprender a celebrar todas esas veces cuando Dios nos ha protegido de cosas que a la final no sucedieron es una de las mayores lecciones que podemos aprender.

A través de la historia de Ester, se nos dice de una fiesta que se inició para celebrar precisamente esta idea. Dios estableció en el Antiguo Testamento siete fiestas a fin de que su pueblo recordara ciertos eventos de su historia. Los seres humanos tienden a olvidar. De esa forma Dios garantizaba que el pueblo de Israel siempre recordaría las cosas más importantes.

Antes de relatar la historia, quiero presentar un par de puntos importantes sobre la Fiesta de Purim. Primeramente, no es una de las siete fiestas originales ni fue ordenada por Dios. Fue divinamente inspirada y autorizada por el rey Asuero.

Otro punto interesante es que el libro de Ester es el único en la Biblia en el que nunca se menciona el nombre de Dios. Allí no encontrarás ninguno de sus nombres hebreos. Ni Elohim, ni Jehová, ninguno. Sin embargo, la obra de Dios es patente en todo ese relato bíblico. (Nota lateral: Vendrán tiempos cuando no tendrás manera de creer que Dios esté obrando, pero al rememorar, descubrirás que estuvo ahí en todo momento. Activo tras bastidores. Tras las sombras. Incógnito. Dios siempre está obrando en tu vida).

He aquí un resumen del relato.

El pueblo judío estaba al borde de la destrucción por causa de la vil conspiración de Amán, uno de los funcionarios del rey Asuero. Amán odiaba a Mardoqueo, puesto que este se negaba a arrodillarse ante él. Sin embargo, en vez de matarlo a él, Amán decidió aniquilar a todos los judíos que había en el reino. Amán, entonces, echó suertes; algo así como una lotería, para decidir en qué mes llevaría a cabo su plan. Una vez establecido el día, Amán se presentó ante el rey Asuero a fin de oficializar su genocidio. Obtuvo su permiso, por lo que se emitió un decreto que llegó a todo el reino, haciendo saber que todos los judíos, jóvenes y ancianos, hombres, mujeres y niños serían ejecutados el decimotercer día del decimosegundo mes.

Debes entender el significado de esto. En el momento que Amán echó su «suerte», estaba haciendo oficial el peor día en la historia del pueblo de Israel. Los judíos sufrirían la aniquilación total el decimotercer día del decimosegundo mes. ¿Se dan cuenta de la precisión del plan del enemigo? Y todavía maquina de esa forma.

Satanás viene para matar y destruir.[2] Él te odia porque reflejas a Jesucristo; por eso organiza algunos acontecimientos y ocasiones para destruirte, para atrapar a tus hijos, para destrozar tu matrimonio, para aplastar tus sueños, para robar tu gozo, para aniquilar tu fe. Un infierno en el pasadizo.

La palabra *pur* quiere decir «suerte», en el contexto de la lotería o de echar suerte. Purim, igual que en la Fiesta de Purim, es el plural de *pur* y significa «suertes». Evidentemente, el enemigo había planeado hacer algo un día en particular, pero alguien invisible estaba mirando y dijo: «Satanás, sé que echaste una suerte, pero ahora yo voy a echar suertes. Y lo que yo eche vencerá todo lo que tú hayas planeado y maquinado contra mi pueblo».

Volvamos al relato.

El pueblo de Israel estaba a punto de ser descuartizado. Erradicado. Despedazado. Masacrado. Aniquilado. Mardoqueo solicitó ayuda a la reina Ester y le pidió que suplicara al rey a favor de los judíos. Su pedido implicaba que Ester tendría que arriesgar su vida, ya que era muy peligroso presentarse ante el rey sin ser invitada. Por lo tanto, Ester hizo un llamado al ayuno. Esas setenta y dos horas de ayuno cambiaron la historia del mundo.

Cuando Ester finalmente se presentó delante del rey en nombre de su pueblo, ellos pasaron a ser una nación favorecida en vez de derrotada, aniquilada, sufrida y avergonzada. El rey no solamente abrogó el decreto de Amán, sino que también otorgó a los judíos honra y reconocimiento. También permitió el establecimiento de una celebración llamada la Fiesta de Purim, la cual los judíos celebran hasta hoy; la fiesta conmemora este cambio de dirección, celebra lo que no sucedió. Los judíos hicieron una gran fiesta. Comieron. Bebieron. Danzaron. Intercambiaron regalos. Lo que el diablo había intentado marcar como día de masacre, Dios lo transformó en un día de gozo y alegría.

Celebra lo que no sucedió.

Dios se encarga de cancelar el veredicto del enemigo.

Puede que el enemigo haya planeado un día de destrucción para ellos, pero Dios, a través de la reina Ester, les declaró día de libertad. Dios puede convertir tu día de destrucción en día de libertad.

A menudo comentamos que debemos ser agradecidos por lo que tenemos y por las cosas maravillosas que nos han sucedido, pero ¿cuándo fue la última vez —si es que alguna vez lo has hecho— que has dado gracias a Dios por lo que no sucedió? Deberíamos olvidar lo que estamos haciendo y celebrar por esa puerta que Dios no abrió. Por ese hombre con el que no te casaste porque años más tarde hubiera resultado ser un irresponsable. Por la novia que dejaste porque de cualquier manera hubiera regresado con su exnovio. Por ese empleo que no funcionó porque decidiste esperar por el que Dios tenía guardado para ti. Por el negocio que no se dio porque al final te habría llevado a la bancarrota.

A menudo, cuando Dios cierra una puerta, lo hace para protegernos. Cuánto me alegra que mi portero sea Dios y no yo. Ni te imaginas cuántas puertas habría derribado yo pensando que debía hacer tal cosa cuando en realidad eso no estaba en los planes de Dios. Si después de haber orado, algo no se da, ¿qué crees? Dios acaba de cerrar la puerta. No es para hacerte daño ni para herirte, sino para protegerte.

Tal como en el relato de Ester, hay ocasiones en las que Dios nos ha protegido y rescatado de cosas que al final no sucedieron. Él cerró la puerta con llave. Nos mantuvo a salvo. Él dijo que ningún arma forjada en contra nuestra prosperará. Debió haber sucedido. Casi sucedió. Pero por causa de la mano protectora de Dios, no ocurrió.

¿Verdad que Dios ha sido bueno contigo? ¿En dónde estarías hoy sin Él? Hoy, antes de dar tu primer paso, separa un momento para agradecer a Dios por las cosas que pudieron pasar, que debieron pasar, que estuvieron a punto de pasar, pero que por causa de su invisible mano protectora, no sucedieron. Piensa en alguna oportunidad cuando las cosas no resultaron para tu bien, o alguna ocasión que pudo haber sido destructiva, pero de la cual resultaste ileso. Comienza a celebrar por todas esas puertas cerradas.

Cuando estás en el pasadizo, Dios puede transformar tu situación. Quizás no lo veas. Quizás no lo sientas. Quizás pienses que no está. Pero sí, sí está. El enemigo puede haber echado una suerte para destruirte, pero Dios echó otra a tu favor. Solamente se necesita una puerta. No importa lo que estés enfrentando, decide confiar que el que comenzó en ti la buena obra, porque será fiel en completarla.

Haz de la adoración tu prioridad

Cuando el calor y la presión aumentan y se hace difícil ver tesoros en nuestras vidas, lo más importante que podemos hacer es adorar.

Hace miles de años, Josué se paró delante de los enormes muros de Jericó, la ciudad más poderosa de la Tierra Prometida. Era la primera ciudad a ser conquistada a fin de que el pueblo de Israel pudiera entrar a la promesa. Dios les había dado la tierra, pero iban a tener que pelear por ella.

Justo antes de que Dios entregara la ciudad en manos de los israelitas, un ángel se le apareció a Josué. «Quítate las sandalias», le dijo al líder del pueblo, «porque el lugar que pisas es sagrado».[3] Es como si le hubiera dicho: «Josué, quítate las sandalias y quédate un rato. Sé que eres un líder con muchas ocupaciones. Sé que te sientes presionado. Sé que tienes muchas responsabilidades. Sé que el pueblo está ansioso, con maletas empacadas y listos para salir. Sé que han esperado por mucho tiempo. Pero quédate un rato. Lo primero es lo primero».

Josué se quitó las sandalias, se postró sobre su rostro y adoró. Esto me encanta. El hombre que está en medio de un pasadizo infernal aparta tiempo para adorar.

Cuando te sientas presionado por todos lados y cuando percibas el calor de las llamas, adora. No te puedes dar el lujo de no hacerlo. No es una pérdida de tiempo. No es una distracción. Es muestra de que dependes de Dios. Es una manera de establecerlo como tu fuente. Es una manera de mantener un espíritu de dependencia de Él.

En hebreo, el nombre Jabes significa «dolor»,[4] o también desesperación y duelo. El nombre en sí nos recuerda que no podemos escapar de los tiempos difíciles. La vida, de una u otra forma, nos trae pruebas y lágrimas. Jabes, a quien se le menciona solamente tres veces en la Biblia, era de la tribu de Judá, y Judá significa «alabanza». Aunque las doce tribus de Israel andaban por el desierto vagando y apropiándose de territorio, Dios siempre ordenó a Judá ir al frente. Es una lección sencilla: antes de ir a un nuevo lugar, primero alaba. Antes de que puedas apropiarte de las promesas de Dios, alaba. Adora en el trayecto a la victoria.

He aprendido que no importa cuán grande sea tu dolor, tu sufrimiento o tu duelo, puedes tener la victoria si adoras y alabas al Dios viviente. Esto es guerra espiritual. Considera la poderosa forma en que la Biblia presenta el panorama: «Tú, Judá, serás alabado por tus hermanos; dominarás a tus enemigos» (Génesis 49:8). Cuando adoras a Dios en un pasadizo infernal, lograrás dominar a tus enemigos. No te encuentras en posición defensiva, estás a la ofensiva. ¡Qué poderoso!

Jabes rehusó que el comienzo le dictara su final. Rehusó permitir que su familia o los linderos de su territorio lo limitaran. Así que oró: «Bendíceme y ensancha mi territorio; ayúdame y líbrame del mal, para que no padezca aflicción».[5] Y Dios le concedió su petición. Esta es la oración que Dios espera que hagas. Y también te la contestará.

Es hora de ser un cruzador de fronteras. Es hora de comenzar a creerle a Dios por más y no conformarse con menos. Si entras en su presencia y bajo su liderazgo, te mostrará cosas que quiere que veas.

El salmo 150:6 dice: «¡Que todo lo que respira alabe al Señor!». Esto no es una sugerencia. Es un mandamiento. No importa de qué denominación vengas. No importa si tienes una personalidad reservada o carismática. No importa si eres de los que se emocionan fácilmente o no. Has sido creado para alabar y adorar a tu Padre celestial. Ponte tu manto de alabanza. Cuando comiences a exaltar el nombre del Señor, comenzarás a cambiar. Serás victorioso, no víctima. Entrarás a territorio nuevo. Dejarás atrás al pasado y entrarás a la Tierra Prometida.

La adoración le da perspectiva a la vida. Nos ayuda a ver quiénes somos en relación a Dios. Cuando miramos más allá de nuestras circunstancias terrenales y alabamos al Padre celestial, el Espíritu del Señor va delante de nosotros. Declaramos que dependemos de Él y hacemos patente su presencia en nuestras vidas. Por este medio, cambiamos nuestro entorno. Cuando adoramos, derrotamos las fortalezas del enemigo. El pecado ya no puede tomarnos cautivos. Y, a fin de cuentas, nuestra adoración nos prepara para la victoria.[6]

Nuestra adoración está plena de propósito. Cuando cantamos, Dios escucha. Y responde. Continúa adorando en el pasadizo.

Escucha, vas a pasar más tiempo esperando que recibiendo. Así que acomódate y aprende a esperar adecuadamente. Gálatas 6:9 nos dice: «No nos cansemos de hacer el bien, porque a su debido tiempo cosecharemos si no nos damos por vencidos». El tiempo de recibir es cuando Dios sepa que estás listo.

Sé que es difícil ver cómo bendice Dios a otros mientras a ti te toca esperar. Es su forma de probarte a través de las mismas promesas que te ha dado. Cuando te encuentras en el lugar intermedio —el pasadizo entre la puerta cerrada y la próxima puerta abierta— el enemigo te susurrará: «¿Qué haces aquí? ¿Por qué te abandonó Dios?». Anímate. El pasadizo donde te encuentras es el nido de la promesa y el día de los pequeños comienzos. Dios no ha cambiado de parecer, no lo hagas tú. Cuando Dios te quiera en un lugar específico, nadie te podrá retener en una cisterna oscura. Tus sueños no están en manos de otros, están en manos de Dios. Recuerda esto: los propósitos de Dios siempre se sobrepondrán a los planes del hombre.

> *Los propósitos de Dios siempre se sobrepondrán a los planes del hombre.*

Ese largo camino puede ser un regalo

Siempre me gustó una historia popularizada por Norman Vincent Peale:

En la mañana del día de Navidad, uno de los nativos le trajo al misionero una concha marina de refulgente belleza. Al indagar sobre dónde había conseguido ese extraordinario espécimen, el nativo contestó que había caminado muchos kilómetros hasta cierta bahía, que era el único lugar donde se conseguían.

«Fue un maravilloso gesto de tu parte el haber ido tan lejos para buscar este lindo regalo para mí», exclamó el maestro.

Con ojos resplandecientes, el nativo contestó: «El largo viaje es parte del regalo».[7]

104

Nunca podrás apreciar el regalo de una tierra de diamantes si menosprecias el largo trayecto por el pasadizo. Su descubrimiento implica un proceso. Oración. Ayuno. Fe. Pruebas. Tribulaciones. Lágrimas. Solemos celebrar el regalo —las bendiciones recibidas, las respuestas a la oración, los milagros, la sanidad— pero Dios está pendiente del camino.

A menudo la gente me ve en el púlpito predicando y piensan que mis mensajes frente a la multitud y en la televisión son mi ministerio. Pero es mucho más que eso. Incluye todo lo que he hecho y lo que continúo haciendo hasta ahora. Incluyen los años como hijo de pastor aprendiendo todo sobre la iglesia. Es toda una vida de vivir mi fe, no en público, sino más bien en privado. Es el ayuno. Es la oración. Las noches en vela. Las lágrimas. Las innumerables horas orando y estudiando la Palabra de Dios. Los problemas. Es la presión. Las diversas situaciones. Es el infierno en el pasadizo. Todas esas cosas son parte del largo viaje hacia las bendiciones que hoy disfrutamos en nuestro ministerio.

Cuando medito en el niño que nació en Belén, pienso en el regalo más grande del mundo. Fue hermoso. Fue Dios hecho carne. Su nombre fue Jesús. Se transportó del límpido cielo a la mugrienta tierra.

Pero el largo viaje fue parte del regalo.

Jesús no predicó ni un sermón durante treinta años. Nunca sanó a nadie. Llevó una vida normal en una familia trabajadora, a fin de poder identificarse contigo y conmigo.

Pero el largo viaje fue parte del regalo.

Cuando imagino a Jesús colgado en la cruz del Calvario, pienso en el maravilloso regalo de salvación y perdón. En el largo camino de ida y vuelta al Getsemaní, donde oró con tanto fervor que su sudor se convirtió en sangre. Pienso en el largo camino hasta el tribunal de Pilato, donde lo azotaron. Pienso en el largo camino por la Vía Dolorosa, sufriendo bajo el peso de la cruz. A veces miramos a Jesús y solo vemos el regalo. Pero no debemos olvidar el largo camino. No podrás apreciar el regalo a menos que estimes el largo camino que se atravesó para traértelo.

No es suficiente salir del pasadizo. No es suficiente descubrir la tierra de diamantes. No es suficiente recibir un regalo. Tienes que recorrer el camino. Tienes que vivir ese estilo de vida. Esa marcha por el infierno en cada pasadizo es parte de nuestro regalo.

Dios busca perseverancia en el camino, el fruto de un cambio, una transformación que continuamente se purifica y se forma a su imagen. Esto es lo que hace valioso el regalo. Nada de lo que tienes impresionará a Dios, excepto tu fidelidad. Pídele que abra tus ojos al potencial oculto que hay en ti. Mantente en comunión con Él. Obedécelo. Sé fiel en lo poco. Todos caminando. Nadie a cuestas. Sigue confiando en Dios sin importar cuán oscuro o caliente esté tu pasadizo.

El Señor es tu portero. Cuando lo determine, tu infierno en el pasadizo se tornará en gozo matutino. Cuando Dios te tenga en compás de espera, mientras aguardas a que pase algo mejor, no te empeñes tanto en alcanzar tus metas que te olvides de disfrutar el presente. Te perderás de mucho tratando de engendrar algo fuera del tiempo de Dios. Aprende a disfrutar donde estás mientras esperas llegar a donde quieres.

❖ 6 ❖

Deja que te eleve

D ios quiere que entiendas que tu vida es como un terreno. Él va a cosechar en ti diamantes solo al cultivar tu tierra. A primera vista, los cambios más grandes no serán visibles en la superficie. El trabajo va a comenzar bajo tierra.

Vendrán los vientos

En Oracle, Arizona, el 26 de septiembre de 1991, ocho científicos ingresaron a un hermético minimundo de una hectárea llamado Biósfera 2, un experimento digno de una película de ciencia ficción. Esas instalaciones, valoradas en ciento cincuenta millones de dólares y diseñadas para imitar el medio ambiente terrestre, fueron el centro de investigación de los «exploradores» que viven dentro de sus paredes. En esa burbuja autónoma había una pequeña selva, un desierto, un océano, un manglar, una sábana y una pequeña granja. Los científicos cultivaban sus propios alimentos, reciclaban sus desechos y su agua, administraban su suministro de aire, inspeccionaban la salud de sus ecosistemas, recopilaban información, estudiaban, investigaban y escribían. El propósito principal de ese experimento de dos años de duración era descubrir si los seres humanos podían crear y subsistir en colonias autosuficientes en el espacio exterior. A pesar de que lograron aprender muchas cosas, el proyecto Biósfera 2 fracasó por varias razones. La que más me impresionó fue la necesidad del viento. Les explico.

Dentro de la Biósfera 2, los árboles crecían más rápidamente que en su ambiente natural en la tierra. El problema es que se caían antes de llegar a su madurez. La razón era la falta de viento dentro de la cúpula. Cuando las plantas y los árboles crecen en el exterior, el movimiento del viento los ayuda a generar lo que se llama «tensión de la madera». Esta tensión contribuye al crecimiento de los árboles permitiéndoles absorber más luz solar y desarrollarse de forma sólida hasta llegar a la madurez. Sin la tensión de la madera, el árbol crece rápidamente, pero sin la capacidad de sostenerse a través de las vicisitudes que proporciona un ambiente natural y a menudo severo. De hecho, el viento es parte esencial del crecimiento y sustento del árbol.

> *Dios hace su mejor trabajo en lugares oscuros.*

He aquí una gran lección. Aunque no nos guste, enfrentar las tormentas de la vida nos dan fortaleza. Algunas tormentas causan dolor, pero Dios no es sádico. A Él no le place verte dolido, desanimado o disgustado. Por el contrario, Él sabe que la tormenta tiene un propósito y es edificar tu fe, tu confianza, tu alabanza, tu vida de oración y tu dependencia de Dios.

El frío hace lo mismo. Durante la temporada invernal, aunque los árboles carecen de hojas, todavía viven. Están en un proceso de inactividad parecido a la hibernación. Es un proceso de auto-conservación que los mantiene vivos durante el invierno, sin el cual los capullos del verano anterior no florecerían.

Tomemos al árbol del melocotón como ejemplo. ¿Sabías que se necesitan hasta mil horas de temperaturas frígidas para que un árbol de melocotón produzca fruto? La razón por la cual los árboles de melocotón crecen mejor en Georgia que en cualquier otro estado es porque tenemos la perfecta combinación de días fríos y calientes. Sin el frío no se produciría fruto en los melocotoneros. Si quieres producir fruto vas a necesitar algunos días de frío. No es suficiente vivir de bendición en bendición y más bendición, por eso Dios te permitirá soportar el frío. Si permitimos que Dios trabaje en nuestros terrenos, el resultado de los días de frío será la producción de fruto.

El crecimiento y la tierra de diamantes que quieres vendrán después que soplen los vientos y lleguen las tormentas. No sé cómo explicarlo. Ni lo entiendo. Pero he aprendido que Dios hace su mejor trabajo en lugares oscuros.

Lo que sucede *en* ti y no lo que te sucede *a* ti

Shannen Wehunt nunca se habría imaginado que con solo cuarenta y nueve años ella y su esposo J. T. hubieran tenido que enterrar a sus dos hijos en un intervalo de cuatro años.

El 12 de noviembre de 2012 Klate, su hijo de doce años, fue diagnosticado con el síndrome de Marfan. Este es un trastorno genético que afecta los tejidos de conexión del organismo, más comúnmente los del corazón y los vasos sanguíneos. En abril de 2014, a Klate hubo que operarlo para repararle su aorta. Las paredes de esta arteria se habían dilatado y estaban a punto de romperse, poniendo su vida en peligro. Los cirujanos trabajaron arduamente para reparar el daño, pero sin éxito.

Shannen recuerda claramente cuando a ella, su esposo y su hija los llevaron a una pequeña sala privada en el hospital, donde el doctor les informó: «Lo siento mucho, no hay nada más que pueda hacer» y le pusieron aparatos para soporte vital. Con fe en la poderosa mano de Dios, Shannen creyó que Él sanaría a su hijo. Y lo hizo, pero no en la manera que ella esperaba.

Los siguientes tres días de la vida de su hijo, Shannen los catalogó como un regalo. Ella me dijo: «Dios nos dio un momento para procesar lo que le pasaba a Klate. Nos extendió su gracia y nos dio tres días con nuestro hijo antes de llevárselo al cielo». Cuando Klate exhaló por última vez en esta tierra, Shannen recuerda que estaba acostada junto a su hijo en el hospital con su rostro bañado en lágrimas. «A pesar de lo destrozada que estaba, sabía que no había regalo más grande que haber criado a mis hijos conforme al corazón de Dios. Klate conocía al Señor. Mi hijo ahora está sano en el cielo. Con un cuerpo nuevo y lo veré otra vez».

Ese día, cuando Shannen salió del hospital, y a pesar del turbulento duelo desatándose en su interior, hizo un voto para consigo y para con Dios. «Me prometí no enojarme con Él por haberse llevado a mi hijo. Lo dije en serio. Y cumplí mi promesa. El dolor fue insoportable, pero mi Padre celestial me sostuvo. Siempre enseñé a mis hijos a confiar en Él, aun cuando la vida fuera dura. Ahora me tocaba ser ejemplo, especialmente para mi hija».

Catorce meses más tarde Kre, la hermana de Klate, comenzó a quejarse de un intolerable dolor que comenzaba en su coxis y bajaba por sus piernas. Se hicieron exámenes y escaneos. El 12 de noviembre de 2015, exactamente al cumplirse tres años del diagnóstico de Marfan de Klate, a Kre le diagnosticaron osteo-sarcoma, un tipo de cáncer en los huesos. Quince meses después de la muerte de Klate, en la misma sala donde a Shannen, J. T. y a Kre se les notificó que no viviría, la familia recibió la nueva noticia.

El pronóstico de Kre no era alentador. La primera oración que Shannon hizo por su hija fue: *Señor, tú sanaste a mi muchacho y ahora tiene un nuevo cuerpo en el cielo. Por favor, sana a Kre aquí en la tierra para que pueda continuar conmigo y con su papá. No estoy en condiciones de pasar por lo mismo. No sobreviviré.*

Durante los siguientes diecisiete meses, Kre recibió veintisiete tratamientos de quimioterapia, fue sometida a cinco cirugías, ingirió ochocientas pastillas, le aplicaron setenta inyecciones y pasó doscientos setenta y cinco días en el hospital. «Durante todo este tiempo, Kre tuvo una actitud extraordinaria», me comentó su mamá. «Jamás en mi vida vi en nadie una fe como la que vi en esa niña. Nunca se quejó. Ni siquiera una vez. Leía su Biblia fielmente. Oraba continuamente. Y nunca dejó de creer que Dios la sanaría. J. T. y yo obtuvimos gracia y belleza a través de Kre. Ella fue nuestra inspiración».

Y entonces, sucedió un milagro. La combinación de tratamientos funcionó. El 1 de septiembre de 2016 —día del cumpleaños de Klate— a Kre se la declaró libre de cáncer. Había vencido esa miserable enfermedad.

Kre siempre hacía videos y los publicaba en los medios sociales. No para que le tuvieran lástima, sino para que otros que estuvieran pasando por situaciones difíciles fueran confortados. Una vez expresó:

Nunca pensé que llegaría tan lejos y todo se lo debo a Dios. Dios siempre está presente cuando lo necesites. Él te llevará en sus

111

brazos en todo tiempo. Y para todo hay tiempo. Algunas veces, bueno. Algunas veces, malo. Algunas veces, feo. No te des tanta prisa por salir de los malos tiempos. Él te ha puesto ahí por alguna razón. Para hacerte crecer. Su tiempo siempre es perfecto. Ten fe que es así y confía en Él. Se avecinan días mejores y más brillantes.

En un diario que Shannen encontró hace poco, Kre había escrito:

> Jeremías 29:11: «Porque yo sé muy bien los planes que tengo para ustedes —afirma el Señor—, planes de bienestar y no de calamidad, a fin de darles un futuro y una esperanza». Eso es prueba fehaciente de que Dios está a favor tuyo... cuando pases tiempos difíciles y te sientas completamente atrapado y solo, recuerda que te rodean otros que están tan quebrantados como tú.

Hacia el final del 2017, Kre comenzó a tener unos fuertes dolores una vez más. Le hicieron dos bloqueos nerviosos que no tuvieron efecto. En enero de 2018, recibieron noticias devastadoras. El cáncer había regresado. Ahora el osteosarcoma apareció en la parte derecha de la cintura y la cadera de Kre. Más quimio. Más anestesia. Más dolor. Más lágrimas. Más lucha.

Esta vez, ninguna de las estrategias de tratamiento dio resultado. El tumor continuó su crecimiento. El dolor de Kre era tan intenso que tuvo que acostarse del lado izquierdo y mantenerse en la misma posición durante cincuenta y dos semanas. El más mínimo movimiento era intolerable. Y aun así, Kre tenía fe de que mejoraría. Que Dios la sanaría. Que vencería al cáncer una vez más. Siguió sonriendo. Siguió animando a otros. Se mantuvo firme en su fe, orando y alabando a Dios todos los días, aun cuando casi no se podía mover. Me encanta lo que dijo en una ocasión: «Las cosas nunca son más fáciles. Solo se ponen mejor».

Cuando visité a Shannen en el hospital, me dijo algo que siempre he recordado. «Todavía creo que Dios sanará a Kre, pero cualquiera sea el resultado, habré ganado. Gané con mi hijo. Y ganaré con mi hija también. A fin de cuentas, ganaré. En mi carne no me siento como una ganadora, pero en mi espíritu sé que lo soy». Sus hijos amaban a Dios y tenían la esperanza eterna. ¡Esa es la victoria!

Kre luchó contra el cáncer por dos años y ocho meses. El 26 de agosto de 2018, un lindo domingo por la mañana, esta jovencita —valiente y llena de fe— corrió a los brazos de Jesús y a la presencia de su hermano Klate. Shannen y J. T. sepultaron a Kre el mismo día que celebraron el cumpleaños de Klate.

Kre peleó la buena batalla. Mantuvo la fe. Durante su paso por esta tierra, Kre difundió su cálida presencia y dejó brillar su luz en la oscuridad, trayendo así esperanza y ánimo a los que la rodearon. Solo tenía veintitrés años de edad.

Para Shannen y J. T. la vida es dolorosa. «Extraño tanto a mis hijos», me comentó Shannen. «Hay ocasiones cuando paso por el cementerio Yellow Creek, donde están sepultados los dos y no puedo dejar de llorar. Pero sigo confiando en el Señor. Sigo haciendo memoria de que Él es bueno. Sigo dándole gracias por regalarme dos hermosos hijos que ya están en sus brazos.

«No puedo decir a ciencia cierta que pueda entenderlo. Pero decido confiar en Dios, aun en medio del dolor. Aun en la soledad. Aun cuando sepa que jamás escucharé a mis hijos llamarme "mamá" en esta tierra. Confío en Dios. Él es mi todo».

Shannen y J. T. son unas de las personas más notables que he conocido. Su fe en Dios, en medio de los más oscuros momentos de su vida, es inspiradora. No pretendo ni siquiera poder imaginar la situación que viven. Pero me siento agradecido por su ejemplo de fe inconmovible. No sé cómo lo logran, pero celebro su decisión de no airarse, no resentirse, ni permitir al enemigo que los destruya por medio de su duelo. Sin duda, el camino es doloroso, pero recuerda que lo que pudo haber sido planeado para mal, de alguna forma, Dios lo usará para bien.

No puedes tener el control de todo lo que pasa en tu entorno pero, en realidad, eso no es lo más importante. No es lo que te pasa *a* ti, sino lo que pasa *en* ti lo que marca la diferencia.

> *No es lo que te pasa **a** ti, sino lo que pasa **en** ti lo que marca la diferencia.*

No soy experto en botánica, pero hace años aprendí algo sobre las plantas que me fascinó. Existe un tipo de tejido vegetal llamado meristemo que es parte esencial del proceso a través del cual las plantas crecen y reparan sus células. Estas células indiferenciadas tienen la capacidad de dividirse innumerables veces hasta que logran diferenciarse. ¿Qué significa eso? El meristemo define si la planta va a ser capaz de desarrollar nuevas ramas, hojas, flores y raíces. Se puede decir que la función del meristemo es tomar decisiones en base a lo que le ha sido dado.

Visualiza conmigo un proceso imaginario atravesando una joven planta. En algún momento de ese proceso, se toma una decisión. El meristemo decide específicamente que funcionaría mejor como raíz, brote o flor y les da forma.

Aunque no seamos plantas, todos tenemos un meristemo. Le daremos forma a algo con las pruebas que enfrentamos. No podemos permitirles que nos atropellen o nos derroten. En Isaías 37:31 dice: «Una vez más los sobrevivientes de la tribu de

Judá echarán raíces abajo, y arriba darán fruto». Antes de poder alcanzar la plenitud de tu potencial y llegar a las alturas que Dios ha planeado para ti, debes estar firmemente plantado y arraigado en la fe. Ruego a Dios que lo que estés enfrentando hoy te ayude a echar raíces profundas y te inste a producir fruto.

Echa raíces profundas

Lo que sucede debajo de la superficie de nuestras vidas determina lo que aflora en ella. Si tus raíces se profundizan, con el tiempo comenzarás a producir fruto.

¿Sabías que cualquier árbol o planta se puede modificar para crear un bonsái? El bonsái es un arte japonés que emplea técnicas específicas para crear árboles en miniatura que se ven igual a los de tamaño normal. Usando las herramientas y destrezas adecuadas puedes tomar, por ejemplo un pino, podar sus ramas y sus raíces hasta convertirlo en un bonsái. Aunque un pino puede crecer hasta cuarenta y cinco metros de altura, si lo cortas y lo podas lo suficiente, se convertirá en una versión miniatura de sí mismo. Nunca llegará a la plenitud de su potencial. En Japón, encontrarás arboles bonsái de cientos de años que no llegan ni a las rodillas de una persona.

Esto me dice algo. Hay gente que tiene años asistiendo a la iglesia, pero que todavía son cristianos bonsái. Se ofenden por cualquier cosa. Ofenden a cualquiera que les dice algo que no les guste. No le hablan a nadie que los haya tratado mal. No tienen una vida de oración constante. No ofrendan. No colaboran. Han nacido de nuevo, pero su conversión es simplemente un seguro contra incendios. No producen el fruto del Espíritu.

Juan el Bautista declaró: «El hacha ya está puesta a la raíz de los árboles, y todo árbol que no produzca buen fruto será cortado y arrojado al fuego».[1] Jesús también dijo algo sobre los árboles sin fruto:

> Un hombre tenía una higuera plantada en su viñedo, pero cuando fue a buscar fruto en ella, no encontró nada. Así que le dijo al viñador: «Mira, ya hace tres años que vengo a buscar fruto en esta higuera, y no he encontrado nada. ¡Córtala! ¿Para qué ha de ocupar terreno?». «Señor —le contestó el viñador—, déjala todavía por un año más, para que yo pueda cavar a su alrededor y echarle abono. Así tal vez en adelante dé fruto; si no, córtela».
>
> Lucas 13:6-9

Jesús pidió que se le diera una oportunidad a la planta para abonarla pero, si aun así no produce fruto, hay que cortarla. ¿Qué le pasa a un árbol que no produce fruto? ¡Es cortado o echado a las llamas!

Puede que los cristianos bonsái lleguen al cielo algún día, pero nunca crecerán en su vida terrenal. Nunca crecen. Continúan siendo enanos, puesto que le permiten a Satanás que corte repetidas veces sus raíces e impida su progreso. Nunca llegan a establecer una comunión ni un apareamiento con Dios. Ni llegan a cumplir el propósito que Dios tiene para ellos.

Este concepto se asemeja a tu matrimonio. Me imagino que cuando eran recién casados estaban muy apegados. Se amaban. Se prestaban mucha atención. Pero después de veinte años, las cosas cambiaron. La relación dejó de crecer. Algo sucedió en el camino que atrofió tu relación matrimonial. En ese entorno es donde prospera el enemigo. Con el tiempo, se te acerca con las tijeras de la mentira, los pleitos, las luchas, la amargura, la ira, el resentimiento y el orgullo. Y comienza a cortar las raíces de tu matrimonio de momento a momento y de una conversación a otra.

Es tan egoísta. Un corte.

No puedo creer que volviera a hacer eso. Otro corte.

No lo aguanto más. Puedo buscar algo mejor. Otro corte.

¿Por qué diría eso? Debe ser que no me ama. Otro corte.

¿Me pregunto si mi ex tiene cuenta de Facebook? Y otro.

Y otro. Y otro. Y otro. Sin darte cuenta, la relación que debería estar prosperando y fortaleciéndose se está haciendo pedazos. Las raíces que debieron haber profundizado apenas están bajo la superficie. Un simple bonsái.

Esto también puede ser una imagen de tu relación con Dios. Naciste de nuevo, ¡y qué bueno! Pero ese no es el final del camino cristiano. Jesús no vertió su sangre y murió por ti solo para que fueses salvo, sin llevar ese fruto de raíces profundas con oración, estudio de las Escrituras, congregarte, presentar el evangelio, vivir en una forma que vaya más allá de unas simples dos horas un domingo en la mañana.

El secreto de un árbol alto y frondoso yace en las raíces invisibles.

En Isaías 37:31, Dios le estaba diciendo a Judá: «Van a pasar por algo. Y cuando la vida les dé pruebas y problemas, o dejan que los derrote, o dejan que sus raíces lleguen a lo profundo para que prosperen y den fruto». La decisión no era de Dios. La decisión era de Judá, al igual que hoy es tuya.

El diablo tiene un arsenal de tijeras e instrumentos de poda. Y si se le da la oportunidad, cortará tus raíces y te impedirá el crecimiento para que no lleves fruto. En las vicisitudes de la vida, cuando suceda lo inesperado, debes tomar una decisión al nivel de tu meristemo espiritual, en lo profundo de tu alma. Declara: «Esto no me vencerá. Voy a conquistarlo. Esto lo permitió Dios. Voy a dejar que el Espíritu Santo maneje la situación y que produzca en mí, aun en los días fríos, fruto inalcanzable en ninguna otra circunstancia».

Jesús expuso la parábola del sembrador:

El sembrador siembra la palabra. Algunos son como lo sembrado junto al camino, donde se siembra la palabra. Tan pronto como la oyen, viene Satanás y les quita la palabra sembrada en ellos. Otros son como lo sembrado en terreno pedregoso: cuando oyen la palabra, enseguida la reciben con alegría, pero como no tienen raíz, duran poco tiempo. Cuando surgen problemas o persecución a causa de la palabra, en seguida se apartan de ella. Otros son como lo sembrado entre espinos: oyen la palabra, pero las preocupaciones de esta vida, el engaño de las riquezas y muchos otros malos deseos entran hasta ahogar la palabra, de modo que esta no llega a dar fruto. Pero otros son como lo sembrado en buen terreno: oyen la palabra, la aceptan y producen una cosecha que rinde el treinta, el sesenta y hasta el ciento por uno.

Marcos 4:14-20

En este relato hay dos tipos de cristianos bonsái. Aquellos que reciben la Palabra pero, por falta de raíces, duran poco tiempo. Cuando el huracán de la oposición azota sus vidas se resquebrajan y se hacen pedazos. Si producen fruto, es muy poco. Otras semillas caen entre los espinos. A este tipo de cristiano bonsái, le preocupan tanto las ocupaciones de este mundo que logra ahogar la Palabra y, en consecuencia, no lleva fruto.

Pero hay semilla que echa raíces profundas. Nuestra meta como cristianos es ser como esas semillas. Ser de los que oyen la Palabra. La aceptan. Y llevan fruto. Mucho fruto. Enfrentan cualquier circunstancia que se les presente y le permiten a Dios que las use para profundizar sus raíces y llevar fruto.

Si lo permites, el desafío que estás enfrentando te puede elevar. En vez de permitirle que genere odio y cinismo en ti, permítele que produzca el fruto del Espíritu: «amor, alegría, paz, paciencia, amabilidad, bondad, fidelidad, humildad y dominio propio».[2] Dios no permitirá que pases pruebas sin producir ganancia. Si tomas las decisiones acertadas, las dificultades producirán fruto.

La actitud es lo esencial

En momentos de grandes dificultades, tu actitud es lo esencial. Puedes alcanzar o perder la victoria dependiendo de tu actitud.

Existe un lugar en nuestra alma, en nuestro meristemo espiritual, que puede producir o raíz de amargura o el fruto del Espíritu. El mismo sol que derrite la mantequilla endurece la arcilla. Podemos recibir lo que nos presenta la vida y endurecer nuestros espíritus al ofendernos o airarnos fácilmente o actuando como víctimas. O por el contrario, podemos recibir lo que se nos presenta con un espíritu dócil que produzca el fruto de amor, alegría, paz, amabilidad, bondad, paciencia y dominio propio.

Pablo estaba familiarizado con lo que era soportar dificultades. También sabía cómo mantener una actitud adecuada en medio de ello: «Pues los sufrimientos ligeros y efímeros que ahora padecemos producen una gloria eterna que vale muchísimo más que todo sufrimiento» (2 Corintios 4:17).

Asumir la actitud adecuada no es siempre una reacción natural. Es una decisión. Es la decisión que tomó Shannen cuando su hijo fue llevado al cielo. Y la misma decisión que tomó cuando su hija falleció. Cuando vengan los malos momentos, tu meta debe ser mantener una actitud apropiada. No escogerías a propósito la situación en la que te encuentras, sin embargo allí estás y Dios lo está permitiendo así. Por lo tanto, debes tomar la decisión —desde el centro de tu meristemo espiritual— de adoptar la actitud adecuada. Dios no lo va a hacer por ti. Pero te ayudará a enfrentarlo.

Pablo escribió en cuanto a cómo puede crecer una raíz de amargura. Cuando surge, puede causar problemas. Y contaminar a muchos. No te puedo certificar qué es lo que vas a enfrentar, pero puedo garantizar que tendrás muchas oportunidades para sentirte amargado. Alguien te hará daño. Sucederá alguna injusticia. Alguna desilusión te tocará.

Cuando te sientes amargado contra alguien o contra Dios, es muy fácil permitir que una raíz de amargura te derrote. ¿Dejarás que cualquier dificultad se convierta en una célula maligna en tu alma? ¿O, por el contrario, decidirás convertirla en una buena célula en tu corazón? Tú decides la forma en que tus células espirituales se activan o crecen (o no). Toma la decisión de no dejar que esas dificultades produzcan una raíz de amargura en lo profundo de tu alma.

Cuando te sientas tentado a permitir el crecimiento de una raíz de amargura, haz las cosas de manera deliberada. Ora en voz alta: «Señor, yo sé que mi situación puede producir amargura, pero decido confiar en ti. Decido no amargarme. Voy a permitir que esta prueba se transforme en bendición. Voy a permitir que lo que me aqueja me haga crecer. No voy a permitir que la adversidad me derrote. Voy a permitirle que me lleve hacia adelante y voy a llevar fruto, porque esta ha sido mi decisión.

Pablo escribió:

Para que por fe Cristo habite en sus corazones. Y pido que, arraigados y cimentados en amor, puedan comprender, junto con todos los santos, cuán ancho y largo, alto y profundo es el amor de Cristo; en fin, que conozcan ese amor que sobrepasa nuestro conocimiento, para que sean llenos de la plenitud de Dios.

Al que puede hacer muchísimo más que todo lo que podamos imaginarnos o pedir, por el poder que obra eficazmente en nosotros, ¡a él sea la gloria en la iglesia y en Cristo Jesús por todas las generaciones, por los siglos de los siglos!

Efesios 3:17-21

Cuando Pablo habla de lo «profundo» del amor de Dios, se refiere a aquel hombre o mujer que ha echado raíces profundas en Él. Y cuando habla de ese poder de Jesús que puede hacer muchísimo más, no se refiere a que es para cualquiera. Es para aquellos que reciben lo que se les da y mejoran, no se amargan.

Desearía que nunca hubieras recibido esas malas noticias del médico. Desearía que no estuvieras pasando dificultades en tu matrimonio. Desearía que no hubieras perdido tu empleo. Desearía que no hubieras perdido tu negocio. Desearía que no hubieras perdido tu ser querido. Desearía que tu familia no estuviera atravesando las dificultades presentes. Pero quiero hacerte una pregunta: ¿dejarás que nazca en ti una raíz de amargura o permitirás que Dios forme en ti el carácter de Jesús y te permita llevar fruto para su reino? De tu respuesta dependerá tu destino. La decisión adecuada te permitirá descubrir una tierra de diamantes en el ámbito de tus pruebas.

Las dificultades que vives en estos momentos te elevarán o te derribarán. La Palabra de Dios para ti en este momento es que no crecerás si le permites al enemigo que haga de ti lo que quiera en tus momentos más oscuros. Pero cuando te sometes a Dios y le dices: «Tuyo soy, Señor», y escoges la actitud adecuada, lo que sucederá es lo siguiente:

> Como palmeras florecen los justos;
> Como cedros del Líbano crecen.
> Plantados en la casa del Señor,
> Florecen en los atrios de nuestro Dios.
> Aun en su vejez, darán fruto;
> Siempre estarán vigorosos y lozanos,
> Para proclamar: «El Señor es justo;
> él es mi Roca, y en él no hay injusticia».[3]

No serás movido. Estarás vigoroso y lozano. Darás fruto.

No te ofendas con la gente ni con Dios. No te amargues. No te enojes. No busques venganza. Deja que las dificultades te edifiquen. Deja que te hagan más fuerte en Cristo. La forma en que escojas reaccionar tendrá el mayor efecto en tus circunstancias. No dejes que en los tiempos de prueba Satanás corte tus raíces y atrofie tu crecimiento espiritual. Ora. Busca a Dios. Lee la Palabra. Congrégate. Alaba. Adora. Mientras más profundas sean tus raíces, mayor será tu fruto.

El abundante poder de Dios está a la espera de esa decisión que tomes en lo profundo de tu meristemo espiritual. Cuando decidas, con la actitud adecuada, que tus circunstancias no te derrotarán, impedirás que crezcan en ti raíces de rechazo, ofensa y amargura. Vas a dar fruto. Más de lo que puedas imaginar. Dios está activamente obrando en tu terreno. Si te encuentras atravesando uno de los momentos más oscuros, recuerda las palabras de Shannen. Recuerda la obra de Cristo en la cruz. Las tinieblas no tienen la última palabra. La muerte no tiene la última palabra.

Al final, nosotros ganamos.

7

Lanza el cubo

En 1895, Booker T. Washington pronunció un discurso en el que contó una poderosa historia de un barco que se perdió en el mar por muchos días.[1] Los marineros a bordo de la insegura nave estaban sin esperanza, agotados por el hambre, deshidratados y a punto de morir. Al fin, alguien divisó un bote a lo lejos. Y enviaron una señal desde el barco perdido: «Agua, agua. Nos morimos de sed».

Del otro barco le respondieron con otra señal: «Lancen el cubo donde están».

Los marineros estaban confundidos. Su señal obviamente fue malinterpretada. Lo intentaron de nuevo. «Agua, envíennos agua». Pero recibieron la misma respuesta: «Lancen el cubo donde están». Aquellos hombres deshidratados estaban fuera de sí y frustrados. «¡Vamos a morir de sed porque esas personas no entienden lo que estamos tratando de decirles!». Desesperados, volvieron a hacer señales. La misma respuesta. Luego, una cuarta y última vez. La misma respuesta.

Al fin, el capitán del barco perdido dijo: «No entiendo lo que significa eso, pero moriremos si no lo intentamos». Así que agarró un cubo y lo echó al océano. Al traerlo hacia sí, el capitán no podía creer lo que veía. ¡El cubo estaba lleno de una burbujeante agua fresca! Lo que él no sabía era que estaban muy cerca de la desembocadura del río Amazonas, que deposita agua dulce en el océano. Todo lo que esos marineros necesitaron todo el tiempo estaba precisamente debajo de ellos. Su sed fue saciada.

¿Estás seco y sediento? ¿Necesitas vida desesperadamente? No tienes que buscar consuelo o satisfacción en otra persona. No tienes que perseguir otro diamante. No tienes que intentar lo que el mundo diga que puede solucionar tu problema. Justo aquí, donde estás, hay un pozo de agua viva. Se llama Jesucristo. Si solo lanzas tu balde, encontrarás tu tierra de diamantes en Él. Todo lo que necesitas, cada provisión para tu cuerpo, alma y espíritu, está en Jesús.

¿Necesitas alegría? ¿Necesitas esperanza? ¿Necesitas fe? ¿Necesitas paz? ¿Necesitas un futuro? Lanza tu cubo.

El potencial no descubierto se encuentra justo delante de ti. Aun en tu hora más oscura, puedes tener agua viva en Jesucristo. La clave para encontrar ese diamante es que te ancles a Él.

Ánclate bien

Para que podamos quedarnos donde Dios nos ha llamado, tenemos que anclarnos ahí. Si no estás bien anclado, te desviarás demasiado. Quiero contarte una historia que nunca olvidarás.

A principios del 28 de febrero de 2009, el apoyador de los Raiders de Oakland, Marquis Cooper; el liniero defensivo de la Liga Nacional de Futbol y el agente libre Corey Smith, así como también los exjugadores de la Universidad del Sur de Florida

William Bleakley y Nick Schuyler fueron a pescar en el Golfo de México. Navegaron en un hermoso día y pasaron las siguientes horas divirtiéndose. Hablaron. Se rieron. Bromearon. Pescaron. Al final de la tarde, el clima soleado y tranquilo se disipó. El frío entró y el viento sopló con fuerza; sin duda se avecinaba una tormenta. Cuando Marquis tomó la decisión de regresar, los hombres descubrieron que el ancla estaba atascada. Intentaron soltarla, pero nada funcionó. Alguien sugirió atar el ancla a la parte trasera del bote y arrancar el motor para liberarla. Eso no funcionó tampoco. De hecho, solo empeoró la situación, ya que el bote se volcó y se hundió. Dos días después, cuando lo encontraron, Nick Schuyler fue el único sobreviviente. La agencia que investigó el accidente concluyó que la tragedia de navegación ocurrió como resultado de «un error en el anclaje».[2]

El error en el anclaje realizado por esos atletas terminó en tragedia. También hay una lección espiritual para nosotros. Es fácil anclarse a las cosas equivocadas en la vida. Itinerarios ocupados. Éxito material. Reputación. Drogas. Alcohol. Comida. Pornografía. Dinero. Fama. Relaciones impías. El problema es que cuando las tormentas de la vida soplan, ninguna de esas produce paz. Ni alegría. Ni descanso. Ni esperanza.

Solo el ancla correcta evitará que te alejes del lugar —el matrimonio, la comunidad, la iglesia, la relación, el trabajo— en el que Dios te ha instado a quedarte.

Hebreos 6:17-20 es un pasaje asombroso que nos ofrece una promesa extraordinaria:

> Por eso Dios, queriendo demostrar claramente a los herederos de la promesa que su propósito es inmutable, la confirmó con un juramento. Lo hizo así para que, mediante la promesa y el juramento, que son dos realidades inmutables en las cuales es

imposible que Dios mienta, tengamos un estímulo poderoso los que, buscando refugio, nos aferramos a la esperanza que está delante de nosotros. Tenemos como firme y segura ancla del alma una esperanza que penetra hasta detrás de la cortina del santuario, hasta donde Jesús, el precursor, entró por nosotros, llegando a ser sumo sacerdote para siempre, según el orden de Melquisedec.

Cuando nos anclamos a Cristo, nos anclamos a Aquel que no puede fallar, Aquel que no puede mentir, Aquel que no puede perder. Cuando arrojamos nuestra esperanza más allá de la cortina del santuario, la fe transforma esa esperanza en un ancla que se aferra a Jesús, nuestro sumo sacerdote, nuestro proveedor, nuestro sanador, nuestro libertador. ¡Eso es poderoso!

Anímate hoy. Puede que hayas lanzado el ancla equivocada. Puede que hayas fallado. Puede que te hayas equivocado. Pero nada puede separarte del amor de Dios. ¡Nada! Algo bueno está llegando al otro lado de esta tormenta. Poder. Provisión. Citas divinas. Puertas abiertas. Mientras tanto, todo lo que tienes que hacer es anclarte bien.

Usa cuatro anclas

Max Lucado, en su libro *Seis horas de un viernes*, escribe sobre la casa flotante que poseía en 1979 o, como lo expresó, «una barcaza con agujeros». El huracán David se dirigía hacia Florida; estaba seguro de que arrasaría con la devastación en el lugar donde atracaba su barco en el río Miami. Lucado contó con la ayuda de sus amigos para asegurar la embarcación. Como eran inexpertos en navegación y novatos en huracanes, ataron la agujereada barcaza a los postes del muelle, a los árboles e incluso amarraron la propia nave. Lucado dijo que su bote parecía atrapado en una telaraña.

Un tipo pasó por ahí en el momento en que los hombres amarraban el bote. Estaba bronceado y lucía una piel resistente, era algo así como un marinero. Parecía una leyenda viva. El hombre ofreció algunos consejos a los jóvenes. «Átenla a tierra y se arrepentirán. Esos árboles van a ser devorados por el huracán. La única esperanza de ustedes es anclarlo profundo. Pongan cuatro anclas en cuatro lugares distintos, dejen la cuerda floja y oren porque suceda lo mejor».[3]

Un ancla profunda. Qué pensamiento más perspicaz. Tu única esperanza es anclarte profundamente a Dios.

Nuestra ancla principal debe ser Jesús. Primero y ante todo. Cuando comencemos a naufragar en la vida, lo cual es algo muy natural dentro y fuera de una tormenta, a menos que estemos anclados a Cristo, vamos a caer en la tentación, en la desesperanza, en la inquietud, en la apatía.

Esta historia me recuerda al apóstol Pablo cuando pasó por una tormenta devastadora en su camino a Roma. Aquello estuvo tan mal que una de las primeras cosas que hicieron los marineros fue aligerar el peso de la nave, arrojar la carga y luego los aparejos. Más de una semana después, sin comida, bebida ni esperanza, Pablo les habló sobre un mensaje que recibió de Dios. Todos iban a sobrevivir, dijo, pero iban a naufragar en una isla. Al final de la segunda semana a la deriva, los marineros sintieron que estaban cerca de la tierra. ¿Qué hicieron para evitar encallar en las rocas? Lanzaron cuatro anclas desde la popa y oraron por el día que venía.[4]

Aunque Jesús siempre debe estar en nuestro centro, hay otras anclas que debemos usar para que nos ayuden en las tormentas.

Tengo cuatro anclas para ti que te mantendrán a flote cuando los tiempos se pongan difíciles:

- El ancla del propósito
- El ancla de la valentía
- El ancla de la adoración
- El ancla de la iglesia

Usa el ancla del propósito

Dos cosas sobre el propósito: una, tu propósito precede a tu concepción (ver Jeremías 1:5). Segundo, tu propósito fue planeado sin tu aporte. Dios tiene una razón por la que te puso en esta tierra y no te pidió tu opinión. Él puso algo en ti que quizás ni siquiera sepas que es algo imparable, siempre y cuando estés haciendo lo que Dios te ha llamado y te ha propuesto que hagas.

Observa que tu propósito no cambia en la tormenta. Así que concéntrate en él. Concéntrate en lo que te espera, no en lo que está pasando. Jesús pudo pasar su tormenta del viernes por la tarde en la cruz debido a lo que vio: su propósito. Sabía lo que sucedería al otro lado de la crucifixión. Sabía que se acercaba el domingo.

Tu propósito no cambia en la tormenta.

Cuando Pablo estaba en un oscuro lugar de la tormenta, aferrándose al barco por su vida durante semanas mientras las olas se estrellaban a su alrededor, Dios le recordó su propósito. «No tengas miedo, Pablo. Tienes que comparecer ante el emperador; y Dios te ha concedido la vida de todos los que navegan contigo».[5] Pablo estaba destinado a presentarse ante César en Roma. Su propósito era mayor que la tormenta.

Debes saber que hay un propósito divino conectado a tu vida. No dejes que la tormenta te impida cumplirlo.

Usa el ancla de la valentía

Ármate de valor cuando llegue la tormenta. No nos rindamos en plena tormenta. Ni caigamos hechos trizas. Pongámonos en pie, conscientes de que Jesús está con nosotros y sabiendo que podemos vencer con Él a través de esta tormenta. Podemos llorar. Podemos lastimarnos. Podemos sentir el quebranto. Podemos sentirnos devastados. Pero saca la valentía que tienes en tu corazón. Recuerda, si Dios es por ti, ¿quién contra de ti?

Me agrada decir que la valentía es la capacidad de terminar la carrera aun cuando estés en el último lugar. Valentía es enfrentarte a tu adolescente cuando quiere hacer algo que sabes que es peligroso. Valentía es perdonar a un amigo que te defraudó. Valentía es amar al cónyuge en medio de una crisis financiera causada por esa persona. Valentía es negarte a dejar que el cáncer te robe la sonrisa. Valentía es intentarlo nuevamente, soñar otra vez. Valentía no es ausencia de miedo, sino avanzar a pesar del miedo.

Usa el ancla de la adoración

El ancla de la adoración realmente habla a mi vida porque ha sido una de las claves que me ha ayudado a superar mis momentos más difíciles. Se supone que los cristianos no deben quejarse en una tormenta. Se supone que debemos adorar. Muchas veces adoramos a Dios por lo que ha hecho o por lo que nos ha permitido pasar. Sin embargo, debemos aprender a adorarlo por lo que es, el capitán del mar.

La adoración te lleva a Dios. Cuando comienzas a adorarlo, Él aparece. Cuando sientas que has perdido toda esperanza, alza las manos, abre la boca con el corazón quebrantado y comienza a adorar a Dios. Al adorar las respuestas fluyen. Al adorar llega la victoria. Al adorar avanzas. La adoración te mantendrá anclado donde sea que Dios te haya instado a quedarte.

Usa el ancla de la iglesia

Cuando reflexiono en el ancla de la iglesia, pienso en mi infancia. ¿Qué impidió que me convirtiera en drogadicto en mi juventud? ¿Qué impidió que me acostara con chicas en mi adolescencia? ¿Qué impidió que llevara una vida inmoral? ¿Qué impidió que fuera alcohólico? Mis padres usaron un ancla en nuestra casa desde el principio: la iglesia. Y debido a que fuimos plantados en la casa de Dios, solo pude ir en esa dirección hasta hoy. El poder del pacto que mis padres hicieron con Dios por mí me libró de muchas cosas trágicas y terribles. Cuando tengas problemas, no huyas del cuerpo de Cristo. No somos un grupo de personas perfectas. Pero somos un pueblo que ama a Dios y a los demás.

Si estás recién casado y comenzando una familia, usa el ancla de la iglesia local. Empieza bien tu unión familiar. Hebreos 10:25 nos recuerda que no dejemos de congregarnos. Esa es un ancla poderosa. Ninguna iglesia es perfecta. Ningún liderazgo es perfecto. Pero si encuentras un lugar donde el pastor predica la Palabra de Dios, plántate ahí. Comienza a conectarte con otros creyentes. Comienza a servir. Comienza a dar. Hay poder cuando te anclas al cuerpo de Cristo.

Isaías 65:8 (RVR1960) dice que «si alguno hallase mosto en un racimo [dice]: No lo desperdicies, porque bendición hay en él».

La primera vez que leí ese pasaje no lo entendí. Es decir, en el aspecto técnico, el vino está en la botella, no en el racimo, ¿no es cierto? Aunque eso no es lo que Dios dijo, el vino *está* en el racimo.

El racimo representa la unidad y la cercanía. El enemigo quiere arrancarte de la vid. Quiere desconectarte de tu relación con Dios y con los creyentes que están en la vid. Pero si permaneces en el racimo, habrá vino.

Así que, cuando atravieses una tormenta y te desanimes, sigue asistiendo a tu iglesia. Anda con cristianos. Ora con otros creyentes. Si te arrancan de la vid no hay vino, el vino está en el racimo. Mientras tengamos unidad en el grupo, fluirá el vino.

Me encanta lo que dicen las Escrituras sobre esto: «¡Mirad cuán bueno y cuán agradable es para los hermanos vivir juntos en unidad! Es como el aceite precioso sobre la cabeza, que se desliza por la barba, la barba de Aarón».[6] En otras palabras, donde hay unidad, hay unción. Mantén la unción en tu hogar. En tu familia. En tu lugar de trabajo. En tu comunidad. En tu iglesia. En tu equipo de liderazgo. En tu escuela. Apóyense unos a otros. Edifíquense unos a otros. Dependan unos de otros. Oren los unos por los otros. Permite que el vino se produzca a través de tu racimo.

La victoria viene poco a poco

Cuando estás en el lugar al que Dios te ha llamado y hace viento, frío y lluvia, debes saber que la victoria y el éxito son tuyos. Eso es indudable. Va a suceder. Deuteronomio nos muestra una buena idea sobre cómo Dios va a hacer eso:

No te asustes ante ellos, pues el SEÑOR tu Dios, el Dios grande y temible, está contigo. El SEÑOR tu Dios expulsará a las naciones que te salgan al paso, pero lo hará *poco a poco*. No las eliminarás a todas de una sola vez, para que los animales salvajes no se multipliquen ni invadan tu territorio.

Deuteronomio 7:21-22, énfasis agregado

La promesa aquí fue la victoria para la nación de Israel. Y hoy, para ti, es la misma. Dios te llevará a través de la tormenta para que descubras la tierra de diamantes. Pero es una cuestión de tiempo. Observa cómo se indica en este pasaje bíblico: *poco a poco*. No es instantánea, puesto que Dios tiene su intención al respecto. La victoria llegará poco a poco, ¿por qué? *Para que los animales salvajes no se multipliquen y te devoren.*

La Biblia enseña que Dios no negará ningún bien a quienes hacen lo que es correcto.[7] Él te proporcionará todo lo que necesites. Bendecirte con la victoria y el éxito yace en su propia naturaleza. ¡Dios quiere que ganes! Él quiere mostrarte cuánto te ama para que puedas ser favorecido poderosamente, dotado sobrenaturalmente y abundantemente exitoso. ¡Estas son buenas noticias! Pero eso

Nuestra mayor bendición es conocer a Jesús y que Él nos conozca.

también requiere equilibrio. El avance hacia tu tierra prometida puede que no sea al ritmo y la velocidad que crees.

Descubrir una tierra de diamantes, sobre todo en medio de la tormenta, puede parecer que demanda una eternidad. Es frustrante. *¿Por qué esto se está demorando tanto? ¿Cuál es el problema?* El problema no es realmente *qué*; el problema es *quién*. Y la respuesta es Dios. Él es quien te ha guardado porque te ama por lo que eres, no por lo que haces.

Tu relación con Dios debe remplazar lo que haces. Muchas veces queremos ser los más grandes, los más rápidos, los más inteligentes, los más exitosos y los mejores, pero en el proceso descuidamos lo que somos en relación con Jesús. Lo que queremos hacer o que suceda en nuestras vidas siempre debe ser eclipsado por lo que deseamos ser en Cristo.

Nuestra mayor bendición no es nuestro don, nuestro talento, nuestros éxitos ni nuestros sueños hechos realidad. Nuestra mayor bendición es conocer a Jesús y que Él nos conozca.

Sí, la victoria y el éxito vendrán si sigues al Señor. Pero no será un éxito instantáneo. Hay perturbaciones. Hay esfuerzo. Hay dificultades. Hay tormentas. Dios permite que pasemos frustración e inquietud, pero quiere que atravesemos todo eso con Él. Si nos anclamos correctamente, Él puede enseñarnos a permanecer de rodillas, cómo acercarnos y estar cerca de Él, cómo aumentar nuestra dependencia de Él, cómo mantenerlo ante todo en nuestras vidas. Y, poco a poco, llegamos al otro lado.

Si Dios te lleva a un ritmo muy lento, es con el fin de prepararte para el trayecto, de modo que cuando llegues allí, no se trate de eso ni de ti, sino de Él.

Así que quédate donde estás. Quédate donde Dios te tiene. Y ánclate directamente a Jesucristo, la roca de nuestra salvación. Aunque sea incómodo y tormentoso, Él te está llevando a la libertad poco a poco.

8

Enfócate en lo positivo

Cuando no podemos ver las tierras de diamantes, es probable que sea porque estemos en una transición. En temporadas como esas, Dios nos está moviendo de donde estamos al lugar donde Él quiere que estemos. Es como pasar de ser soltero, y tener el control de tu propia vida, a ser un cónyuge sano en un matrimonio saludable; no es algo que suceda en un instante. Tienes que pasar por un período de transición. A menudo digo que cuando una pareja se casa por primera vez, es algo ideal. Unos meses más tarde, cuando la realidad se hace patente, es una prueba. Algunos meses después de eso, ciertas parejas piensan que el pacto es injusto. Y tras haber pasado más tiempo aún, algunos están listos para un nuevo convenio.

Me sorprende cuántas parejas se casan y un mes después cuestionan su capacidad para tomar decisiones. Piensan que su nuevo estado no debe incluir conflictos ni requerir un esfuerzo adicional. Simplemente creen que van de paseo hacia su destino en el matrimonio. Además, tienen la imagen perfecta de cómo se verá eso. La cerca blanca. El césped perfectamente cuidado. El esposo trabajador y romántico. La esposa cariñosa con habilidades extraordinarias en la cocina. Los hermosos y dulces niños que nunca se portan mal. Entonces, la realidad se hace patente. La hierba está a la altura de las rodillas. La casa necesita un techo nuevo. Los niños rompen la cerca blanca. El esposo pasa la mayor parte de su tiempo en casa sin hacer nada. La esposa odia cocinar y no puede dejar de regañar a los niños. Bien, bien. Sé que algunos de estos ejemplos son estereotipos, pero entiendes a dónde voy. Las transiciones involucran nuestras expectativas, la mayoría de las cuales casi nunca son reales.

Cuando la imagen poco objetiva que tienes en tu mente se fragmenta, el enemigo te susurrará al oído: «Cometiste un error. ¿Qué estás haciendo? ¿Por qué te casaste? Lo arruinaste. Hora de rendirse». Ese es un espíritu de negativismo. Cuando la vida comienza a parecerse mucho menos al cuento de hadas que imaginaste, ya sea que estés en transición o no, es fácil para el enemigo atacarte y convertirte en alguien negativo.

Una promesa y un informe negativo

Cuando la nación de Israel salió del desierto y a punto de cruzar hacia la Tierra Prometida, estaban en una transición. La promesa estaba precisamente en frente de ellos, pero un espíritu de negativismo había superado sus esperanzas. Parece que los israelitas nunca aprendieron su lección. No se habían beneficiado de ninguna de sus murmuraciones o conversaciones negativas en el pasado. Y ahora, justo después de entrar en la Tierra Prometida, la negatividad se hacía aún más fuerte.

Con un conjunto de instrucciones detalladas, Moisés envió doce espías para explorar la tierra de Canaán. A esos hombres se les asignó la tarea de evaluar la tierra y a las personas que vivían allí, ya fueran débiles, fuertes, pocos o muchos. Veo interesante que, justo en medio del conjunto de instrucciones, Moisés les dijo a los espías: «Esforzaos».[1] Incluso antes de que enfrentaran el desafío, quería que estuvieran armados de valor. Dios te está diciendo lo mismo hoy. Cualquiera sea la situación en la que te encuentres, sea cual sea la montaña que se te presente, no salgas con negativismo y miedo. Esfuérzate, sé valiente.

Cuando los espías volvieron, la mayoría de ellos estaban desanimados. Regresaron con lo que las Escrituras llaman un «falso informe».[2] Ahora bien, Moisés les había pedido que no solo evaluaran la tierra y su gente, sino que trajeran algo de frutas. La tierra era tan fértil que el racimo de uvas que trajeron tuvo que ser acarreado por dos hombres. ¿Te imaginas?

Cuando los espías le mostraron el fruto a Moisés, lo primero que le dijeron fue realmente positivo. La tierra realmente fluía leche y miel. Ahora observa esto: lo siguiente que dijeron fue: «Sin embargo...».[3] Entonces los hombres comenzaron a enumerar las cosas malas. «Las personas que viven allí son poderosas. Algunos incluso son gigantes. Somos como saltamontes en comparación con ellos. La ciudad es enorme, impenetrable». Y así sucesivamente. Los espías solo tenían una cosa buena que decir sobre la tierra. Así es. Solo una. Tenían todos los detalles de la mala información y solo podían recordar una cosa buena que vieron. Ese es el espíritu de negativismo en el trabajo. Las personas negativas buscan reunir información que respalde su posición. Ignoran la buena información y se enfocan demasiado en la mala.

De los diez espías, solo dos —Josué y Caleb— se negaron a sustentar aquel espíritu de negatividad. Aunque el pueblo de Israel comenzó a murmurar después de escuchar el informe de los espías, Caleb expuso una perspectiva diferente. Se sacudió ese espíritu negativo. «¡Vamos a enfrentarlos!», rugió con confianza. Caleb creía que, con la ayuda de Dios, todos los gigantes que se interponían en su camino podían ser conquistados, aun cuando otros afirmaban que era imposible. No todos compartían la opinión de Caleb. Cuando la gente escuchó el informe negativo, ¿sabes lo que hicieron? Empezaron a llorar. Es más, la Biblia dice que lloraron toda la noche.[4]

Es gracioso. Dios nunca le indicó a Moisés que les dijera a los espías que vieran a los gigantes. Tampoco les pidió que observaran lo indefendibles que eran los muros de la ciudad. Nunca mencionó esas cosas puesto que no eran relevantes. Cuando Dios escuchó el reporte de los espías, ¿recuerdas cómo lo llamaban las Escrituras? Un falso informe.[5] Dios no dijo que era un informe objetivo. No dijo que era bien pensado, profundo ni completo. Debido a que esos hombres regresaron con un informe tan negativo, Dios dijo que era falso. De hecho, lo fue tanto para Él que impidió que cada persona de veinte años en adelante entrara en la tierra de Canaán, salvo dos. Puedo escucharlo decir: «Prefiero que te mueras antes que dejarte ir a la Tierra Prometida con ese espíritu negativo y grotesco».[6] ¡Ay!

Caleb y Josué fueron las dos únicas personas exentas del juicio. Dios vio en Caleb un «espíritu diferente»,[7] un espíritu mejor, no uno negativo.

¿Te preguntas a qué lugares no has podido entrar debido a tu espíritu negativo? Puedo decirte algo con seguridad. No puedes avanzar hacia tu destino cuando tu espíritu está impregnado de negativismo. Debes saber que tienes una opción. Puedes alimentar el espíritu de negativismo o, como Caleb, adoptar un espíritu diferente. No depende de Dios. Es tu decisión.

Es fácil ser negativo

Al enemigo le encanta atacarte cuando crees en algo que Dios te ha prometido. Puedes estar intentando iniciar o expandir tu negocio. Es probable que estés tratando de comprender una promesa que se encuentra en las Escrituras. Puede que estés tratando de unificar a tu familia. Puede que estés tratando de restaurar tu matrimonio. La Palabra de Dios para ti, en este momento, es que te llenes de valentía. Cualquiera sea la circunstancia en la que te encuentres, no debes lidiar con miedo, pesimismo y negatividad.

Conozco a muchas personas que fueron criadas en hogares negativos. Las enseñaron a mirar la vida desde un punto de vista negativo, de modo que siempre vieran lo peor de las cosas. Si tienen dolor de espalda, piensan: *Probablemente sea cáncer*. Si tienen una uña encarnada, se dicen a sí mismos: *Vas a quedar cojo. No volverás a caminar nunca.*

Nuestra sociedad está saturada de negativismo. ¿Cuándo fue la última vez que viste una película que realmente te levantó el ánimo? ¿Cuándo fue la última vez que viste un programa de televisión que no tenía una escena llena de violencia, ira o asesinato? Ese es el valor del impacto. Lo cual parece estar donde está el dinero. Pienso en lo negativo que se ha vuelto el sistema político. Cuando miro las elecciones y las campañas políticas, a menudo veo a un candidato tras otro arrojar basura. Es casi imposible averiguar qué representan esas personas, puesto que sus campañas parecen ser para destrozar a todos los demás. Pero funciona. ¿Por qué? ¡Porque somos una cultura que alimenta ese espíritu negativo!

Incluso la iglesia puede ser una máquina sustentadora de lo negativo. ¿Alguna vez has conocido a un santo «loco»? Ese tipo de personas son simplemente cascarrabias. Se la pasan succionándose los dientes todo el tiempo. Poniendo los ojos en blanco. Algunos de ellos no pueden sostener una melodía, pero no pierden tiempo para criticar al equipo de adoración y a los músicos.

Como creyentes, no debemos llenarnos de desesperanza ni de negativismo. Ningún tipo de información —que recibamos o que pensemos— tiene nada que ver con la clase de espíritu que adoptemos. Para tener la victoria, debemos seguir luchando contra ese espíritu de negativismo. Debemos creer lo que Dios dice e ignorar los informes falsos.

El enemigo sabe que no puede evitar que descubras tu tierra de diamantes a menos que te atribuya un espíritu de negativismo. Es fácil caer en esa trampa. Cuando empiezas a ponerte negativo, antes de que te des cuenta, puedes introducirte rápidamente en un capullo de negativismo. Si comienzas a alimentar un pensamiento negativo, luego otro y otro, todo en tu vida comenzará a descontrolarse. Todo se vuelve negativo. Y cuando continúas refunfuñando, murmurando, quejándote y encontrando fallas en todo, ese espíritu se adherirá a ti y se impregnará en tu espíritu. ¡Por eso tienes que resistirte!

Quiero enfatizar que no solo estoy hablando de asumir una actitud positiva. No se trata de levantarse mentalmente de alguna manera y mirar la vida de una forma mejor. Estoy hablando de luchar contra un espíritu de negativismo real y activo que no quiere nada más que destruirte. Si no aprendes a resistirlo, te impedirá alcanzar lo que Dios ha planeado para ti en tu tierra prometida.

No hay derecho a ser negativo

¿Cuántas veces has escuchado a alguien decir (o tal vez lo hayas dicho tú mismo): «Simplemente no entiendes por qué me siento en esta forma»? O: «Déjame en paz. Tengo derecho a estar deprimido». A menudo, las personas piensan que tienen derecho a ser negativas, a rendirse o a tirar la toalla. Defenderán su depresión. Defenderán su disfunción. Defenderán su complacencia con la conmiseración.

¿Sabes cuál es el problema? ¡Ninguno de nosotros tiene derecho a sentirse así! Mira, la gente puede entenderte de aquí hasta la luna. Puede condolerse hasta por tu muerte. Sin embargo, las personas infectadas por el negativismo no necesitan comprensión ni condolencia porque ninguna de las dos cosas ayuda. Necesitan corrección.

Medita en los espías que regresaron con el informe falso e hicieron que la nación de Israel llorara toda la noche. Piensa en lo que Dios había hecho por ellos hasta ese punto. Los había sacado de Egipto separando el mar Rojo. ¡Milagro! Mar que se tragó todo el ejército de faraón para que no pudieran perseguirlos. ¡Milagro! Les había proporcionado comida y agua en el desierto. Milagro tras milagro. La gente no tenía derecho a ser negativa.

Tampoco tú tienes derecho a ser negativo. Puede que no estés donde quieres estar, ¡pero piensa de dónde vienes!

> *Tampoco tú tienes derecho a ser negativo. Puede que no estés donde quieres estar, ¡pero piensa de dónde vienes!*

Fija el estándar

Cuando tienes un espíritu negativo, simplemente no quieres ser feliz, y tienes una larga lista de buenas razones por las que no puedes serlo. Cuando aparece una persona positiva, estás listo para contrarrestar cualquier aliento o esperanza que intente expresar. El espíritu negativo siempre busca compañeros. Los negativos atraen a las personas negativas. Lo contrario también es cierto.

Si recuerdas, Moisés escogió a esos espías. Cada uno de esos hombres era un líder que representaba a su tribu. Los líderes son responsables de garantizar que no se encienda un espíritu negativo en quien sea que estén liderando. En este caso, cuando volvieron los espías, ¿qué pasó? Con la excepción de Josué y Caleb, todos dieron un informe negativo conduciendo a la nación de Israel al pánico y la desesperación.

Si eres padre, es tu responsabilidad asegurarte de que el espíritu de negativismo no se posesione de tu matrimonio, de tus hijos ni de tu hogar. Si estás liderando en el trabajo, tu responsabilidad es asegurarte de que tu departamento, tu personal o tu equipo no se involucre en una situación negativa. Si estás en cualquier posición de influencia, grande o pequeña, es tu responsabilidad proteger ese lugar de un espíritu de negativismo. Fija el estándar. No alimentes las críticas. No te alimentes de encontrar fallas. No te nutras de las murmuraciones. No seas partícipe de un espíritu quejumbroso. No sustentes a los que se quejan por todo.

Observa el tipo de personas con las que pasas el rato. Huye de los chismes. Mantente alejado de los chismosos y buscadores de fallas. Establece el estándar para evitar que un espíritu de negativismo infecte tu situación.

Espera con expectativa

Así que, ¿cuál es el remedio para el espíritu de negativismo? Esperar con expectación.

Cuando era niño, me encantaba ver *The Price Is Right*. En ese popular programa de televisión, los concursantes compiten para ganar dinero en efectivo y premios, adivinando los precios de las mercancías. Mi parte favorita era el comienzo. Con una voz profunda y dramática, el locutor gritaba un nombre de la audiencia y decía: «¡Eres el próximo concursante en *The Price Is Right!*». La persona a la que llamaba bajaba de donde sea que estuviera sentada y tomaría un lugar en la fila de los concursantes. Había más en el programa, por supuesto, pero no me importaba quién pasaba a ganar un refrigerador o unas vacaciones familiares. Me gustaba la parte en la que el concursante era llamado entre la audiencia y comenzaba a enloquecer de emoción. La persona bajaba por el pasadizo gritando, saltando como loca, chocando los cinco con todos. Era curioso, pero esos concursantes ni siquiera habían ganado nada todavía. Ni vacaciones en Hawái. Ni electrodomésticos de lujo. Ni autos deportivos. Nada. Se emocionaban solo con estar frente a la mera posibilidad de ganar.

Desearía que los cristianos dejaran de esperar la victoria y vieran el gran y vigoroso poder de Dios en medio de ellos. No tenemos que verla. No tenemos que tenerla. Pero deberíamos estar entusiasmados con la expectativa ante la posibilidad de obtener un milagro. Deberíamos estar saltando, esperando que Dios descubra una tierra de diamantes en nuestras vidas.

En Lucas 3, Juan habla sobre el bautismo del Espíritu Santo y el fuego.

La gente estaba a la expectativa, y todos se preguntaban si acaso Juan sería el Cristo.

—Yo los bautizo a ustedes con agua —les respondió Juan a todos—. Pero está por llegar uno más poderoso que yo, a quien ni siquiera merezco desatarle la correa de sus sandalias. Él los bautizará con el Espíritu Santo y con fuego

Lucas 3:15-16

Este pasaje es significativo porque desde la época de Malaquías, el último libro del Antiguo Testamento, los judíos esperaron cuatrocientos años en los que Dios se mantuvo en silencio. Él se negó a hablar con el pueblo de Israel. No había profetas. Ni zarzas ardientes. Nada. Pasemos esos cuatrocientos años y veamos en este pasaje una pista sobre la atmósfera que el Espíritu Santo quería que la gente creara para poder derramarse en ellos.

> *Si Dios va a hacer algo, buscará personas que tengan expectativas.*

La versión bíblica inglesa *New English Bible* dice que la gente no solo estaba expectante, sino que «estaba de puntillas». Si Dios va a hacer algo, buscará personas que tengan expectativas. Necesitamos comenzar a ponernos de puntillas y esperar que Dios haga lo imposible nuevamente. Así es como atamos al espíritu de negativismo.

Así que espera que Dios derrame su Espíritu sobre ti, sobre tu familia, sobre las personas que te rodean hoy mismo. Espera que el dolor abandone tu cuerpo. Espera ser sanado. Espera un milagro. Espera la liberación del alcoholismo, la drogadicción, el miedo, la depresión, la derrota.

El Salmo 119:126 dice: «Señor, ya es tiempo de que actúes, pues tu ley está siendo quebrantada». En otras palabras, cuando veas personas a tu alrededor que no tienen en cuenta a Dios ni a su Palabra, que están atados por el espíritu de negativismo, no es momento para que te desvíes. No es momento para deprimirte. No es momento para abrazarte con ellos. Es hora de levantarte de puntillas y con expectación.

Espera recibir

El poder de la expectativa resalta en Hechos 3. Aquí vemos a un hombre que era cojo desde su nacimiento. Todos los días lo llevaban al templo a pedir limosna. En ese día en particular, se encontró con Pedro y Juan, que habían ido al templo en la hora de la oración. He escuchado muchos predicadores diciendo que lo que sucedió después dependió de Pedro y Juan, que vieron al hombre y dijeron: «No tengo plata ni oro —declaró Pedro—, pero lo que tengo te doy. En el nombre de Jesucristo de Nazaret, ilevántate y anda!» (versículo 6).

Ahora bien, sé que el poder está en el nombre de Jesús, pero nota que ahí no se activó. El milagro que recibió el hombre cojo dependía de lo que hizo un versículo antes, en Hechos 3:5, donde dice que miró a Pedro y a Juan, «esperando recibir algo de ellos». El hombre dijo: «No espero. No pienso. No creo. Lo *anticipo*. Recibiré algo de estos hombres de Dios». Obtuvo incluso más de lo que anticipaba. Obtuvo un milagro. ¡Fue sanado!

La expectativa es el caldo de cultivo de los milagros.

Tus mayores milagros no están detrás de ti. Así que no mires hacia atrás, mira hacia adelante. Comprende que va a suceder algo que aún no has visto. Puede que Dios haya hecho grandes cosas por ti, pero eso no es todo lo que tiene. «Ningún ojo ha visto, ni el oído ha oído, ni ha entrado en el corazón del hombre las cosas que Dios ha preparado para los que lo aman».[8] Hay que seguir adelante. Tienes que ponerte de puntillas con un espíritu en expectativa.

No importa cuán devastado esté tu campo, no importa cuán grande sea el fracaso, ni cuán oscuro sea el pasadizo, no importa cuán grande sea la presión, ni cuán desafiante sea la transición, debes creer que Dios está guardando —por ahora— lo mejor. Ese es el poder de la expectativa.

Sirves a un Dios que es más grande que tu fe. Sirves a un Dios que es más grande que tu vida de oración. «Porque Dios no es injusto como para olvidarse de las obras y del amor que, para su gloria, ustedes han mostrado sirviendo a los santos, como lo siguen haciendo».[9] Para que Dios te olvide, tendría que ser injusto, y eso es imposible. Es improbable que Dios olvide lo que te ha prometido. Entonces, la única pregunta es la que sigue: ¿estás esperando?

Una vez escuché una historia sobre tres golfistas. Dos eran excelentes. El tercero era terrible. Al golfista malo le toca el primer tiro. La pelota vuela por el aire. Nadie puede decir dónde aterrizó. Él no tiene esperanzas de haber hecho un buen tiro.

Les toca el turno a los otros dos. Sus disparos vuelan hacia el centro del campo. Los tres amigos se suben a un carrito de golf y corren hacia el pasto. Solo hay dos bolas, ambas pertenecientes a los buenos golfistas. El mal golfista comienza a buscar su pelota. Acostumbrado a perder muchas pelotas, se imagina que la suya probablemente aterrizó en algún lugar del bosque.

Justo antes de que uno de los buenos golfistas intente golpear su bola hacia el hoyo, se da cuenta de que ya hay una bola dentro. El mal golfista se agacha, saca la pelota, la mira de manera extraña y dice: «¿Puedes creer que alguien no solo dejó una pelota aquí, sino que es exactamente igual a la mía?».

Los otros dos golfistas se ríen y dicen: «¡Eso es increíble! ¡Imagínense eso!».

Casi al mismo tiempo, un profesional de golf que trabaja en el campo se detiene al lado de los tres amigos. «Hola, amigos», les dice. «Algunos de mis compañeros de trabajo y yo estábamos parados ahí y vimos su hoyo en uno. Fue increíble. ¿Cuál de ustedes hizo el tiro?».

Estoy seguro de que ya sabes el final de la historia. El hoyo en uno pertenecía al mal golfista. Lo increíble es que ninguno de ellos consideró que la pelota podría haber sido suya, ¡ni siquiera el mal golfista! Los tres pensaron que era una extraña coincidencia, la pelota en el hoyo se veía igual a la que habían usado. Ninguno de ellos pensó en la posibilidad de que el mal golfista hubiera podido hacer un buen tiro. A sus ojos, era imposible.

Quiero que llegues a un lugar donde no te sorprendas cuando mires hacia abajo y veas tu bola en el hoyo. Quiero que creas y veas lo positivo en las situaciones, no lo negativo. Quiero que seas receptivo a la posibilidad de que tu milagro puede ocurrir, tu avance puede suceder, tu batalla se puede ganar y tu oración puede ser respondida. ¡Quiero que esperes recibir!

Necesitamos entender que, si Dios va a hacer algo, buscará personas que tengan expectativas. Por lo tanto, hoy mismo, cree en tu victoria. Cree en tu milagro. Ya sea que tenga que ver con tu cuerpo físico, una relación con un ser querido, tu matrimonio, sus hijos, tu trabajo o un sueño, te desafío a esperar a Dios en puntillas, expectante. Espera que Dios haga una obra en tu vida. Espera que complete el trabajo que ya comenzó. Cree que Él puede restaurar lo que se ha roto. Destruye el espíritu de negativismo esperando con expectación.

No tienes que verlo para creer. Empieza ahora. Alaba con expectativa. Siembra con expectativas. Ora con expectación. Espera el derramamiento del Espíritu Santo en cada área de tu vida. ¡Es hora de que estés en puntillas!

9

Toma este trabajo y disfrútalo

En 1997, Bryan Boyd disfrutaba de una temporada placentera en el ambiente empresarial estadounidense. El dueño, de setenta y cinco años, de una compañía llamada Gunter Construction lo buscó y le dijo: «Me encantaría venderle mi empresa». Bryan no tenía mucho dinero, pero vio una oportunidad. Poseer una flota de tractores y excavadoras había sido su sueño desde que estaba en la universidad y, con los años, había confiado en Dios de que eso sucedería.

Bryan y su esposa, Susan, hicieron muchos sacrificios por el negocio. Se mudaron a otra parte de la ciudad, a la casa de los padres de Susan. Vendieron todos sus muebles y ahorraron hasta el más mínimo centavo que obtuvieron. Fue durante ese tiempo que la pareja se vinculó a Free Chapel, echando raíces en nuestra iglesia y en la comunidad donde crecerían más con el paso del tiempo.

El negocio creció y rápido. Llegó al punto en que había crecido tanto como pudo sin invertir una cantidad sustancial de capital en él. Bryan no tenía capital. Pero fue bueno en lo que hizo, un hecho que se hizo evidente por el éxito de su empresa. Bryan movía tantos tractores y excavadoras que llamó la atención de una importante empresa que fabrica maquinaria agrícola y de construcción.

Un ejecutivo de esa compañía notó lo valioso que era Bryan para la industria. Estaba tan impresionado que le hizo una oferta lucrativa con el fin de que fuera a trabajar para él. El trato fue tentador. Incluía un contrato de diez años con un salario tres veces superior al que Bryan estaba ganando en ese momento. Por decir lo menos, eso le proporcionaría estabilidad laboral y garantizaría una cómoda posición financiera para su familia de seis. Pero eso tenía un precio. Bryan tendría que desarraigarse y mudarse a otro estado a cientos de kilómetros de distancia. El trabajo era exigente y requeriría viajes internacionales. Bryan no podría cenar con su familia todas las noches. Además, estarían desconectados de la comunidad espiritual y de las raíces por las que su familia había trabajado tan duro para forjar. Bryan y Susan lucharon con esa decisión durante meses. Hablaron de ello extensamente. Oraron. Ayunaron. Bryan permanecía despierto muchas noches, considerando los pros y los contras. Finalmente, sintió que lo correcto era quedarse. De hecho, sintió que Dios le hablaba a su corazón. *No vendas el negocio. Tengo planes más grandes para ti.*

Bryan rechazó gentilmente la generosa oferta.

Él y su esposa dieron el paso y decidieron crecer donde estaban. Hicieron más sacrificios. Con el tiempo valió la pena. La reputación de su compañía se extendió como un fuego resultando en un tremendo crecimiento y un aumento sustancial en las ganancias. Al declinar esa extraordinaria oferta, Bryan ahora proporciona empleos a miles de hombres y mujeres, y gana más dinero que si hubiera aceptado el ofrecimiento. Parecían diamantes en la superficie, pero podría haber sido un cebo para alejarlo de la tierra de diamantes que Dios tenía para él. Bryan dice: «Tomamos una decisión basada en principios y fuimos recompensados en base a esa decisión».

Cuando Dios nos llama a permanecer en cierto lugar, particularmente en uno de trabajo, a menudo no sabemos por qué al principio. Tampoco sabemos cómo va a salir todo. Una cosa es segura: hay un propósito donde Dios nos tiene. A veces, lo que parece un mejor trabajo o posición puede alejarte de la tierra de diamantes que Dios tiene para ti donde estás plantado. Bryan podría haber dicho que sí a algo que brillaba en la superficie, pero eligió confiar en Dios y quedarse donde estaba.

Bryan y Susan han sido una gran bendición, no solo para nuestro ministerio, sino también para mi familia y para mí. Bryan ha servido como presidente del comité de nuestro recinto principal en Gainesville. De hecho, recuerdo cuando iniciamos la construcción en las sesenta hectáreas que tenemos. Me senté en una de las excavadoras de su compañía y con Drake, de tres años, en mi regazo, moví el primer cubo de tierra en el terreno. Bryan también forma parte de nuestra junta directiva y ha influido mucho ayudándonos a ganar almas para Cristo en todo el mundo. Hoy, sus hijos son parte de su próspero negocio, ayudando a continuar el legado de su familia.

Me pregunto qué habría pasado si Bryan hubiera ido tras el dinero en pastos aparentemente más verdes. Por supuesto, no habría tenido un negocio multigeneracional y próspero. Tampoco la influencia de él y su familia en nuestra iglesia, en la comunidad y en todo el mundo habría sido tan grande como lo es. Todo se habría perdido por un mayor salario.

No intercambies nunca la influencia con las personas por el dinero. La Biblia nos dice: «Elige una buena reputación sobre las muchas riquezas; ser tenido en gran estima es mejor que la plata o el oro» (Proverbios 22:1 NTV). Cada vez que tomo una decisión, tengo esto en cuenta. Siempre puedo ganar dinero, pero no quiero perder gente nunca.

No sé si amas tu trabajo o si lo odias, pero quiero que sepas que estás ahí por alguna razón. Tu lugar de trabajo es tu lugar de influencia. Aunque no puedas verlo, es un campo cubierto de diamantes. Esta verdad puede ser difícil de comprender si crees que estás atrapado en un trabajo en el que te sientes mal pagado, infravalorado e inadvertido. Si esto te describe, quiero animarte. No minimices la influencia que tienes sobre tus empleados, tus compañeros de trabajo y tu equipo.

Déjame ponerlo de esta manera. Tienes una clase de influencia con las personas con las que trabajas que yo, como predicador, nunca tendré. No hay esperanza de que gane al mundo para Jesús. Solo va a suceder cuando cada seguidor de Cristo use su influencia donde sea que esté plantado para causar un impacto en y para su nombre.

El trabajo es adoración

En la forma de pensar judía, el trabajo y la adoración están conectados. Puedes ver esto en la palabra hebrea *avodah*, que significa «trabajo, adoración y servicio». Incluso puedes decir que el trabajo es adoración. Es posible que no veas a una tenedora de libros devorando números en una oficina como un acto de adoración, pero si lo está haciendo en el nombre de Jesús, para Dios lo hace.

¿Sabías que el ochenta por ciento de las parábolas de Jesús tenían un contexto laboral? ¿Sabías que, de todas las apariciones públicas de Jesús registradas en la Biblia, casi todas ocurrieron en el mercado? ¿Qué nos dice eso? Que el trabajo es parte de la vida cotidiana. ¡Que el trabajo cuenta!

Ahora piensa en lo siguiente. Jesús no nació en una familia superreligiosa de la comunidad, como la de un sacerdote. Dios decidió enviar a su Hijo a la casa de un carpintero. Una casa de clase media, de obreros. Me imagino que la conversación a la hora de la cena, en la casa de Jesús, no giraba en torno a los debates sobre la ley religiosa. Estoy seguro de que José hablaba repetidas veces de su trabajo. Es probable que sus conversaciones fueran algo como esto: «¿Recibimos el pedido de madera, Jesús?». «¿Terminamos la mesa para la familia que vive al final de la calle?». «Creo que necesitamos otras semanas para terminar ese granero».

Jesús debe haber participado, con su padre, en la fuerza laboral durante al menos veinte años antes de dedicar los últimos tres años y medio de su vida a su ministerio. El Hijo de Dios pasó más tiempo como trabajador que en el ministerio. Jesús estaba tanto en la voluntad y el propósito de Dios mientras aserraba madera, fabricaba mesas y construía sillas como cuando enseñaba, sanaba a los enfermos y resucitaba a los muertos.

Otra cosa que encuentro interesante es que, antes que Jesús fuera crucificado, pasó con su cruz a través del mercado. La Vía Dolorosa no era un camino secundario en medio de la nada. Era una calle que atravesaba el concurrido mercado. Tenemos suficientes cruces en la iglesia. Necesitamos algunas en el lugar de trabajo. Necesitamos personas que reflejen su luz para Dios y modelen la vida de Jesús en las tiendas minoristas, en las nuevas empresas, en las corporaciones y en los negocios caseros.

Ten presente que no fuiste contratado como evangelista en el trabajo. Te contrataron para realizar una tarea específica. A veces, el lugar de trabajo en que estamos nos parece insatisfactorio.

A veces tenemos expectativas poco reales de la necesidad de establecer vínculos con nuestros jefes o de que el equipo de liderazgo se preocupe por nuestras familias o nuestra situación financiera. Ya sea que amemos nuestro trabajo o no, debemos enfocarnos en cumplir con él y hacerlo con excelencia. Si el trabajo es adoración, debes hacerlo con todo tu corazón. Debes hacer tu mejor presentación y hacerla bien.

Influye a tu entorno destacándote

Cuando Dios puso a Adán en el jardín para que lo cultivara,[1] le estaba diciendo —en esencia— que afectara la cultura de su lugar de trabajo. Este es el mandamiento de Dios para cada uno de ustedes hoy.

Me encanta este versículo en Isaías:

Levántate, resplandece; que ha venido tu lumbre, y la gloria de Jehová ha nacido sobre ti. Porque he aquí que tinieblas cubrirán la tierra, y oscuridad los pueblos: mas sobre ti nacerá Jehová, y sobre ti será vista su gloria. Y andarán las gentes á tu luz, y los reyes al resplandor de tu nacimiento. Alza tus ojos en derredor, y mira: todos estos se han juntado, vinieron á ti: tus hijos vendrán de lejos, y tus hijas sobre el lado serán criadas.

Isaías 60:1-4 RVA

En este pasaje, la palabra *gentes* se refiere a aquellos que no conocen a Dios. Piensa en las personas con las que trabajas que están espiritualmente perdidas. Piensa en ese lugar de influencia que Dios te ha dado. «Levántate, resplandece», en otras palabras, levántate y destácate. Dios no quiere que su pueblo oculte la luz que les ha dado en un mundo oscuro como este.

Tú eres tierra de diamantes para los perdidos. Si vas a atraer la atención de Jesús en tu lugar de trabajo, levántate y destácate. Si estás en el negocio, hazlo bien. Si trabajas en educación, hazlo bien. Si trabaja en el campo deportivo, hazlo bien. Ya sea que vendas camisetas o apoyes a un ejecutivo, hazlo bien. Este es un principio bíblico.

Por tanto, ¿de qué manera puedes destacarte y descubrir o brillar como tierra de diamantes donde trabajas?

- Busca la unción
- Ten un espíritu de excelencia
- Desarrolla una actitud de «hacer algo más»

Busca la unción

Unción es unción. No hay una unción mayor para alguien en el ministerio que para uno que trabaja en un empleo secular o uno que se queda en casa y cuida de la familia. La unción es la misma para un predicador y para ti. Si Dios reservara su poder solo para un ámbito eclesial, limitaría sus posibilidades. Dios puede realizar su trabajo en cualquier lugar: en la iglesia, en casa, en el empleo, o ¡en la tienda de comestibles!

¿Qué es la unción? No es un término aterrador o superespiritual que debería parecerte extraño. En pocas palabras, es el Espíritu Santo activado en tu vida. No me atrevo a subir a una plataforma el domingo por la mañana sin preparar mi alma para mi llamado. Leo mi Biblia. Oro. Medito. Busco a Dios. Le pido que me dirija, me guíe y me dé sabiduría. Tomo mi unción en serio. Tú también deberías hacerlo.

Ya sea que ames tu trabajo o que lo odies, Dios puede usarte donde estés. Así que antes de empezar tu día, tómate un tiempo para orar. Acércate al inicio de tu día buscando a Dios y pidiéndole al Espíritu Santo que se active en tu vida. Pídele que te muestre oportunidades para servir o para ser de bendición para los demás. Dios te ha llamado a tu lugar de influencia por una razón.

Cuando eres empoderado con la unción, tus dones mejoran. Es posible que no estés trabajando en el empleo que sueñas en este momento o que no estés usando todos tus talentos donde estás, pero estás donde estás porque puedes hacer algo. Puedes tener el don de vender, crear o dibujar. Es posible que tengas un don para los números, los dispositivos o la tecnología. Puede que tengas talento para la música, un ojo avizor para los detalles o unas extraordinarias habilidades organizacionales. Si lo permites, la unción puede venir a tu vida para mejorar los dones que ya posees.

Antes de la batalla con Goliat, David ya estaba dotado para pelear. Había matado a un oso. Había matado a un león. Y cuando la unción vino sobre él, mató a Goliat. Nada es más poderoso que un profesional ungido en el trabajo. Haga lo que haga para ganarse la vida, Dios quiere ungirlo para que tenga éxito. Dios quiere ungirte para llevar la cruz a través del mercado.

La fuerza laboral mejorará cuando uses tu poder e influencia para Cristo. No porque estés predicando todo el tiempo a cada persona que se cruza en tu camino. No porque ores en lenguas en voz alta durante tu almuerzo. No porque dejes tu Biblia de cinco kilogramos con letras grandes en tu escritorio. Afectarás la cultura de tu lugar de empleo cuando hagas tu trabajo, cuando lo hagas bien y cuando destaques a Jesús a través de tu comportamiento y tus acciones. Y, créeme, ¡necesitas la unción para hacer eso!

Necesitas la sabiduría del Espíritu Santo para hacer la llamada correcta, contratar a la persona adecuada, saber cuándo cerrar un trato. Necesitas los frutos del Espíritu para alentar a tus compañeros laborales en vez de derribarlos, lograr una actitud positiva en lugar de negativa y llevarte bien con las personas difíciles.

Mientras te preparas para el trabajo de mañana, pasa tiempo con Dios antes que comiences tu día. Eso no significa que tengas que orar por dos horas en una intercesión profunda. Simplemente aparta un espacio tranquilo antes de que el resto de la familia se despierte. Desconecta tu teléfono y tus redes sociales. Respira hondo y reconoce su presencia y tu necesidad del Señor. Pídele que te dé su unción en todo lo que haces. Pídele que mejore los talentos, las habilidades y los dones que te ha dado para ayudarte a cumplir con tus tareas. Pídele sabiduría en cuanto a cómo manejar tu tiempo y tus responsabilidades y cómo interactuar con las personas que te rodean.

Ten un espíritu de excelencia

En la Biblia, leemos que «Daniel mismo se distinguía entre los ministros y los sátrapas, porque en él había excelencia de espíritu. Y el rey pensaba constituirlo sobre todo el reino».[2] Daniel tenía excelencia de espíritu o un espíritu excelente. Esto es lo que lo distingue por su gran éxito. Necesitamos pedirle a Dios que nos ayude a desarrollar en nosotros un espíritu excelente.

¿Qué significa eso? Significa dos cosas. Una, hagas lo que hagas, hazlo bien. Dos, ten una buena actitud mientras lo hagas. Cuando tenemos un espíritu excelente, modelamos a Jesús.

Daniel era impecable en su disposición a ser grande para Dios, incluso en el terrible ambiente en el que vivía. Cuando era joven, Nabucodonosor —rey de Babilonia— lo llevó cautivo junto con muchos otros jóvenes, que en ese entonces eran los más inteligentes y dotados de la nación hebrea. El rey usó a esos hombres dotados para construir su reino. Les cambió todo. Durante tres años, los jóvenes —incluido Daniel— fueron sometidos a un intenso proceso de conversión en el que fueron despojados de su herencia e identidad hebrea y les enseñaron el idioma y la cultura de los babilonios. Con tanto poder como ejercía sobre esos hombres, el rey sabía que realmente no podía transformarlos hasta que cambiara su adoración. Sabía que mientras adoraran a su Dios en su cultura, siempre estarían conectados con Él.

De modo que el rey Nabucodonosor obligó a los hombres judíos a inclinarse ante él. Aunque todos en el reino obedecieron, Daniel se negó. El joven tomó la decisión —en aquel ambiente hostil— de servir a Dios, no al hombre. Cada vez que Daniel eligió a Dios por sobre el rey, arriesgó mucho su persona y fue reprendido con dureza. Y en todos los casos, Dios lo salvó milagrosamente. Al fin, Daniel fue promovido a un rol de liderazgo. Sirvió como el principal asesor del rey y más tarde como el principal gobernante de todo el imperio.

Quizás recuerdes que, al principio, Daniel se negó a comer la comida que se servía en el palacio. Por eso le pidió a uno de los altos funcionarios del rey Nabucodonosor que les permitiera, a él y a los otros jóvenes hebreos, comer de acuerdo con la ley de Dios durante diez días con el objeto de probar que su dieta era superior al plan nutricional del rey. Daniel estableció un patrón. Cuando el tiempo terminó, Daniel y los otros hombres se veían mejor, se sentían mejor y eran más sagaces mental y físicamente. Daniel se puso firme para demostrar que podía hacer más con Dios que incluso con el rey. Ese alto estándar lo elevó a una posición en la que tuvo poder sobre la nación pagana de Babilonia.

Daniel tenía un don espiritual único: la capacidad para interpretar sueños. Pero eso no fue lo que impresionó más al liderazgo que lo rodeaba. Fue la forma en que actuó. La manera en que se dirigía a sí mismo. Daniel llamó la atención del rey porque se distinguió con un espíritu excelente. Daniel fue evaluado minuciosamente. Era un hombre confiable. Diligente. Tenía una gran actitud. Si le dieras una aspiradora a ese joven y le dijeras que limpiara una habitación, lo haría superando cualquier expectativa. Usaría todos los accesorios y pasaría la aspiradora entre y debajo de los cojines del sofá, quitaría las telarañas en cada esquina e incluso desempolvaría las molduras alrededor del perímetro de la habitación. No solo haría un trabajo óptimo. Haría un trabajo «superior a lo esperado». Esto es lo que significa tener un espíritu excelente.

Tu desempeño determina tu plataforma. Cómo haces lo que haces determinará la influencia que tienes entre los que te rodean. La gente está observando. No solo los de niveles superiores, sino todos. Tú das el ejemplo en cuanto a cómo cuidar a los pacientes, enseñar a los estudiantes, vender los productos de belleza o preparar hamburguesas. Cuando realizamos nuestro trabajo con excelencia, damos gloria y honra a Jesucristo.

Todos los aspectos de tu vida deberían ser excelentes. Peinar tu cabello. Planchar tus pantalones. Limpiar tu escritorio. Sacar la basura de tu auto. Comenzar a trabajar a tiempo. Dejar de hablar mal del jefe. Emocionarte cuando llegue el lunes en lugar de quejarte. Ser excelente te preparará para el éxito. Te convertirás en un activo. Comenzarás a aportar algo positivo a tu entorno. Brillarás en un mundo oscuro.

Supongo que cuando yo crecía en nuestra iglesia, el equipo de adoración hacía lo mejor que podía. Pero nunca olvidaré que parecía que algunas personas no se esforzaban. Había un chico que nunca iba a practicar. Él creía que bastaba con confiar en la unción. Subía a la plataforma exactamente antes de empezar el servicio, afinaba el instrumento y entonces comenzaba a tocar. Una cosa era segura: ese tipo necesitaba más que unción únicamente. Otro músico llegaba tarde a menudo. Uno de los cantantes tenía la mala costumbre de olvidar el orden de la adoración. Nunca creí que bastaba con aparecerse y esperar lo mejor. La excelencia implica práctica. Es dar la mejor impresión. Implica preparación. Comprometerse con un trabajo bien hecho.

Tener un espíritu excelente ejerce un efecto en tu persona. Afecta tu integridad. Los hombres a los que Daniel gobernó se sintieron amenazados por su éxito. Intentaron atraparlo con cierta impropiedad pero, por más que lo intentaban, no pudieron encontrar ningún defecto en él. No pudieron atraparlo robando. No pudieron atraparlo mintiendo. No pudieron atraparlo haciendo trampa. No podían atacar a la persona de Daniel porque tenía un espíritu excelente. Cuando vives con excelencia, se ve. Seamos como Daniel dentro y fuera del trabajo. Que nadie encuentre en nosotros ninguna corrupción que pueda dañar nuestra reputación.

Cuando tienes un espíritu excelente, puedes ejercer influencia en el lugar donde trabajas. Eso me hace pensar en David. Antes de que fuera rey y asesinara a un gigante, fue un excelente músico. Tocaba el arpa hábilmente. No te vuelves bueno en algo de la noche a la mañana. Él debe haber practicado por horas y horas. Debido a que tocaba hábilmente, se destacó. David comenzó a brillar en el reino de Israel. Esa excelencia era algo natural que Dios usó para obtener poder espiritual en ese reino.

La excelencia no comienza en la cima. No comienza cuando obtienes cosas grandes. Comienza cuando tienes un poco y lo usas bien. Si no vas a limpiar un cubículo pequeño con excelencia, no dirigirás una empresa. La Biblia da buenos consejos al respecto: no desprecies los pequeños comienzos.[3] Ser fiel en las cosas pequeñas hace que coseches grandes recompensas. Muchas personas esperan que algo se presente, como una gran oportunidad. Te diré un secreto: las grandes oportunidades no les llegan a las personas que esperan que algo se presente. Las grandes oportunidades surgen al ser fieles en los momentos aparentemente insignificantes de la rutina, el servicio, lo no glamoroso y poco emocionante. Me gusta decirlo de esta manera: las grandes puertas se abren con pequeñas bisagras.

Las grandes puertas se abren con pequeñas bisagras.

Si te vuelves excelente, sobresaldrás entre la multitud. Ganarás reconocimiento. Cuando construyes un nombre, construyes tu reputación. Y la gente comienza a darse cuenta. Las personas con autoridad te querrán cerca de ellos. Te atraerán. Comenzarán a pedirte tu opinión.

Levántate y resplandece. Levántate y destácate. Sé excelente en todo lo que hagas. Sé excelente en tu actitud. Cuando lo hagas, tu luz brillará. Recuerda, es probable que a las personas con las que trabajas no les importe a qué iglesia asistes o quién es tu pastor, pero ven lo que haces y cómo lo haces. Puede que nunca lean la Biblia, pero te están leyendo a ti.

Desarrolla la actitud de «hacer algo más»

Parece que la filosofía actual en los escenarios laborales, en los Estados Unidos, es querer una recompensa máxima por un esfuerzo mínimo. Muchas personas quieren ver lo poco que pueden hacer para sobrevivir sin ser despedidos.

Recuerdo haber pasado un tiempo junto con mi hija mayor, Courteney. Cenamos y planeamos ver una película. Después que obtuvimos los boletos y aseguramos los asientos en el teatro, me dirigí al vestíbulo para comprar palomitas de maíz, dulces y bebidas. Me quejé cuando vi la línea. Parecía que era de un kilómetro de largo, serpenteando alrededor de cinco o seis filas de carriles acordonados. Pasaron unos minutos. La línea apenas se movió. Pasaron otros minutos. Todavía no había movimiento y la cola era aún más larga. Noté que solo había tres personas en las cajas registradoras y un cuarto empleado, la gerente, a un lado. La joven se quedó allí mirando. Desde mi punto de vista, parecía que no quería ayudar a que la línea se moviera para que pudiéramos disfrutar de la película. Claramente, esa empleada no conocía la filosofía de «hacer algo más».

La diferencia entre una persona exitosa y una promedio consiste en tres palabras: «hacer algo más». Si deseas descubrir una tierra de diamantes en tu lugar de trabajo, haz no solo lo que se espera o se requiere de ti. Ve la milla extra. Asume un estilo de vida que te impulse a «hacer algo más». Comenzarán a suceder cosas asombrosas.

Cuando Dios intenta elevar a alguien o promoverlo, busca personas cuyo desempeño no sea mediocre. Busca personas que entiendan el poder de hacer algo extra.

Una de mis historias favoritas en la Biblia es la que trata sobre Abraham buscando una esposa para su hijo Isaac. En aquellos días, era deber de los padres elegir cónyuge para sus hijos. Por eso, Abraham envió a su siervo de confianza, Eliezer, a buscar una novia para su hijo. La familia de Abraham era una de las más ricas del mundo. Isaac, guapo y exitoso, era el soltero más codiciado. Era un buen partido.

Entonces Eliezer tomó diez camellos y los cargó con plata, oro, diamantes y rubíes, bienes de la fortuna de Abraham. Cuando llegó a la ciudad de Najor, se detuvo junto a un pozo por la tarde, la hora del día en que las mujeres iban a sacar agua. ¿Cuál fue el criterio de Eliezer para encontrar una esposa para Isaac? Es interesante. Lo primero que hizo fue orar.

> Entonces comenzó a orar: «Señor, Dios de mi amo Abraham, te ruego que hoy me vaya bien, y que demuestres el amor que le tienes a mi amo. Aquí me tienes, a la espera junto a la fuente, mientras las jóvenes de esta ciudad vienen a sacar agua. Permite que la joven a quien le diga: "Por favor, baje usted su cántaro para que tome yo un poco de agua", y que me conteste: "Tome usted, y además les daré agua a sus camellos", sea la que tú has elegido para tu siervo Isaac. Así estaré seguro de que tú has demostrado el amor que le tienes a mi amo».
>
> Génesis 24:12-14

¡Qué palabras tan poderosas! Estaba buscando una actitud particular en una esposa potencial para Isaac.

Al mismo tiempo que oraba, una mujer llamada Rebeca se acercó, balanceando con gracia una jarra de agua sobre su hombro. Eliezer comenzó a mirarla mientras tomaba la jarra y la sumergía en el agua. Él le pidió un trago y ella estuvo más que feliz de complacerlo.

Mientras Eliezer sorbía el agua fría ella le dijo: «Señor, por cierto, también me encantaría darle un poco de agua a sus camellos».

La hospitalidad en esos días era casi como una ley. Formaba parte de la costumbre hebrea tratar amablemente a los huéspedes en el hogar, incluso a los extraños. Se les ofrecía comida o agua, cualquier cosa que les diera refrigerio. Cuando Rebeca sacó agua para Eliezer, estaba haciendo lo que se suponía que debía hacer, ser hospitalaria. Pero cuando agregó: «También le daré de beber a tus camellos», todo cambió.

Considera lo que ella le estaba ofreciendo. Darles agua a diez camellos. Uno solo de ellos puede beber más de cuarenta galones de agua en unos minutos. Eso es cuatrocientos galones de agua que tuvo que sacar del pozo. Eso habla de inconvenientes. ¡Y mucho trabajo! Me imagino que acababa de arreglarse las uñas. De hacerse un facial. Y ponerse ropa linda. Así que acarrear cuatrocientos galones de agua la haría sudar. La iba a agotar. Iba a hacer que su rímel se le corriera y que su cabello se le despeinara. Me imagino que la mayoría de las mujeres nunca habrían hecho una oferta como esa. Habrían dicho: «Mira forastero, cuida de tus camellos sarnosos. Eso no es parte de mi descripción de trabajo». Pero había algo diferente en esa mujer. Debido a su ética de trabajo, y a esa actitud exagerada, Rebeca se convirtió en la requetetatarabuela de Jesucristo. Ella no solo dio; dio más y algo más todavía.

Si estás en el trabajo y no estás esforzándote por «hacer algo más», no estás reflejando la luz de Jesús, de modo que Él no podrá descubrir una tierra de diamantes donde te encuentres. Si quieres ser un ejemplo para tus compañeros de trabajo, tu equipo o tu jefe, haz algo más. Haz más de lo que se requiere. Ve más allá de tu descripción de trabajo. Si eres mecánico, no solo arregles el auto. Lávaselo al cliente también. Si eres cajero de un banco, no solo ejecutes las transacciones. Hazlo con una sonrisa. Dile algo alentador al hombre o la mujer que hace el depósito. Cuando haces esto, aumentas tu valor.

Cuando Rebeca se tomó las tres, cuatro o más horas del día para dar de beber a aquellos desagradables y sarnosos camellos, no tenía idea de que esos sucios animales estaban cargados de diamantes, aretes y otras joyas preciosas. No te pierdas esta revelación. *Había belleza y riqueza —tierra de diamantes— bajo el acto aparentemente insignificante de un día cualquiera y la fealdad de unos camellos sudorosos cubiertos de tierra y polvo.* La inesperada recompensa de Rebeca se ocultó al ir más allá de lo requerido.

La mayoría de nosotros les disparamos a nuestros camellos. No pretendo ofender a los amantes de los animales cuando digo esto. Pero evitamos los lugares desordenados, los lugares sucios, los lugares comunes. En el caso de Rebeca, la sarcástica y fea situación en realidad se convirtió en la puerta de entrada a un futuro fenomenal cuando les dio agua en lugar de maldecirlos. Cuando dijo: «Haré esto y más», en vez de «No es mi trabajo», ella cambió su vida y su futuro.

Aquí hay una gran idea. El poder de hacer más de lo que se espera agrada a Dios. Lo hace feliz. Cuando «haces algo más» en el trabajo y nadie está mirando, Dios se da cuenta. Él ve lo que está pasando. Por tanto, haz lo correcto. Ve más allá de lo que se requiere. Dios ve el trabajo que haces. Es posible que no veas propósito en tu trabajo. Puede que te aburras en tu mente. Puede que trabajes en un entorno hostil. Estás donde estás por una razón. Y hasta que Dios te libere de esa situación, haz lo que tienes que hacer y hazlo bien. Permite que el Espíritu Santo abra puertas de oportunidades y conversaciones en tu lugar de trabajo que lo honren.

«Hagan lo que hagan, trabajen de buena gana, como para el Señor y no como para nadie en este mundo, conscientes de que el Señor los recompensará con la herencia» (Colosenses 3:23-24). Estás donde estás con un gran propósito, en un momento como este. Hay potencial en tu trabajo actual. ¡Da todo lo que tienes! Allí desenterrarás tesoros escondidos que alguien más no ha visto.

10

Cómo ser un héroe

Para el momento en que este libro se publique, Cherise y yo llevamos más de treinta y dos años de casados. Hemos pasado por muchas tormentas durante ese tiempo. Hemos aprendido que a menos que nos aferremos a lo que Dios dice, nuestros sentimientos tomarán el control. Ha sido fácil sentirse indigno de servir a Dios debido a los argumentos que hemos tenido. Es fácil pensar que estaríamos mejor solos, cada uno por su lado. Es fácil pensar que Dios no nos unió.

Todas estas son mentiras que el enemigo nos susurra a muchos de nosotros. Cuando comenzamos a creer en las mentiras, abandonar el matrimonio parece una opción obvia. Pero cuando huimos o nos vamos con otra persona, no nos damos la oportunidad de ver las tierras de diamantes que se encuentran en los campos de nuestros matrimonios.

En nuestro primer año de matrimonio, Cherise y yo tuvimos algunos desafíos importantes. Esto es probablemente cierto en la mayoría de los matrimonios. Mi suegra Pat, y su esposo, Jimmy, jugaron un papel decisivo en nuestra tutoría durante ese tiempo. Justo cuando Cherise y yo sentíamos que no podíamos soportarnos ni a nosotros ni a la situación, Pat y Jimmy se sentaban con nosotros por separado. Pat se dirigía a Cherise y le decía: «Dios los puso a ti y a Jentezen juntos. No te quedarás en mi casa. Volverás a la tuya y arreglarás las cosas». Jimmy me llevaba a otra habitación y me diría lo mismo.

El matrimonio es cruel con respecto al egoísmo. Un hombre una vez me dijo que después de sus primeros años de matrimonio, su esposa le dijo: «Cenicienta mintió. No eres príncipe ni encantador». Y le arrojó una zapatilla de cristal. En mi caso, realmente creía que en nuestro primer año de matrimonio casi todas las discusiones en las que Cherise y yo nos envolvíamos eran culpa suya. ¡Es verdad! En mi cabeza, yo era prácticamente perfecto. Pensaba que, si podía hacerla más a mi manera, tendríamos el matrimonio ideal. Es obvio que estaba equivocado.

Es fácil perder la esperanza en un matrimonio cuando no sostienes esa relación en la Palabra de Dios. Pero cuando tu mente funciona bien, cuando dominas tus pensamientos, cuando te enfrentas a las mentiras del enemigo, la Palabra de Dios te edifica. Aprendí lo importante que era citar las Escrituras en esos tiempos, versículos como Hebreos 13:4: «El matrimonio es honorable», o como dicen algunas traducciones, «precioso». Y Proverbios 5:18 que dice: «Alégrate con la esposa de tu juventud». Y 1 Corintios 13, que nos da la mejor definición de amor. Es posible que el matrimonio no se sienta precioso todo el tiempo, y tal vez no tengas ganas de regocijarte con tu cónyuge, pero edifícate a ti mismo y a tu matrimonio sobre estas verdades. Esta es una semilla que cosechará tierras de diamantes de amor, unidad y alegría en tu relación.

Hoy vivimos en una generación en la que los hogares felices, los matrimonios grandiosos y las familias fuertes se han convertido en especies en peligro de extinción. El hogar y la familia están bajo el mayor ataque. Las tasas de divorcio para cristianos y no cristianos son las mismas. Si estás divorciado, mi corazón está contigo. Te amo, te acepto y creo en la restauración de Dios para tu vida. También quiero decir que debemos asumir una posición firme en contra de la opción del divorcio en nuestros matrimonios solo porque las cosas no estén funcionando, o porque sea demasiado difícil, o porque hayamos cambiado demasiado o porque nos hemos distanciado.

El voto soberano que hicimos ante Dios el día de nuestra boda es un asunto serio. Es un pacto espiritual que no podemos tomar a la ligera. Quiero animarte en tu matrimonio. Si estás a punto de divorciarte porque crees que puedes conseguir a alguien mejor en otro lugar, si estás tentado a desviarte porque la llama se apagó en tu matrimonio, si la presión financiera te afecta y crees que es mejor renunciar, quédate. Quédate en ese lugar.

El matrimonio y la familia podrían ser las dos áreas más grandes en las que es difícil, si no a veces completamente imposible, ver tierras de diamantes. Pero bajo el campo de las disputas, los problemas financieros, las presiones sociales, los hijos rebeldes, las tentaciones, las responsabilidades crecientes y muchas otras cosas más, Dios quiere descubrir los diamantes de la unidad, de la fe, de la victoria, de la curación, del amor, y no solo por ti, tu cónyuge y tus hijos, sino también por las generaciones venideras.

Pero yo y mi casa

Muchas veces tenemos una imagen poco real de cómo deberían ser nuestros matrimonios y nuestras familias. Nos casamos, participamos en la iglesia, comenzamos a tener hijos, los vestimos con ropas lindas y los llevamos a la iglesia todos los domingos en nuestro auto limpio mientras entonamos canciones de adoración todo el tiempo. ¡Definitivamente ilusorio!

La mayoría de las veces, especialmente al parecer el domingo, se desata el infierno. Uno se niega a ir a la iglesia. El otro olvidó cómo vestirse. Otro se queja todo el tiempo. El cónyuge parece no ser de ayuda; la carga y la presión de sacar a todos de la casa arreglados se derrumba sobre ti.

Cherise y yo tenemos cinco hijos. Prepararlos para la iglesia cuando eran jóvenes no fue tarea fácil. Pero para mí lo era: tenía que irme antes que los demás. Una parte de mí se sentía aliviada por tener que estar temprano en la iglesia con el objeto de prepararme para el servicio mientras mi esposa estaba en casa tratando de sacar a tiempo a cinco pequeños. Un domingo, frustrada, Cherise se detuvo en la iglesia, ubicó a los niños en la puerta, se aseguró de que alguien del personal los llevara a donde debían ir y salió del estacionamiento, con una nube de polvo arremolinándose detrás. No puedo culparla. ¡Es difícil!

Si tienes hijos, sé lo difícil que es criarlos y hacerlo bien. Puede ser difícil ver su potencial cuando son indisciplinados, irrespetuosos y abiertamente rebeldes. Es posible que te enfurezcas por todos los sacrificios que hiciste por tu hijo, que constantemente violaba las reglas, pero Dios te insta a ser un héroe y seguir orando por ellos, seguir amándolos y criarlos correctamente. Puede que no veas su potencial, pero Dios lo ve.

Voy a equiparte con verdades fundamentales que te fortalecerán a ti y a tu familia en la medida en que permanezcas en ese lugar.

Comienza a cavar pozos

Ya hablé sobre cómo Abraham había construido pozos para él y su familia. El clima del Medio Oriente es cálido y seco. Cavar pozos era difícil, por decir algo. No había taladros ni máquinas alrededor para hacer el proceso más eficiente. Se requería sangre, sudor, lágrimas y mucho tiempo. Cuando Abraham cavó esos pozos, entendió que el tiempo y la energía que invirtió en la excavación no eran solo para él y su esposa. Eran para su hijo y para las generaciones siguientes. Eso me recuerda el pasaje que dice: «El buen hombre dejará herencia a los hijos de sus hijos» (Proverbios 13:22 NTV). Esto no solo significa dinero o la casa; sino también una herencia espiritual que es eterna.

Vale la pena luchar por algunos pozos... estás más cerca del agua que nunca.

Cuando Abraham murió, los filisteos llenaron los pozos de tierra. El agua todavía fluía bajo la superficie, pero no había forma de que saliera. El enemigo pensó que sin esa fuente de agua podría expulsar a la próxima generación. Pero Isaac, el hijo de Abraham, estaba dispuesto a luchar por el pozo. Vale la pena luchar por algunos pozos. Si hoy estás en un punto bajo, si tu matrimonio se está estremeciendo, si tus hijos no viven para Dios, si las luchas y la contención están consumiendo la atmósfera de tu hogar, debes saber esto: estás más cerca del agua que nunca.

Puede haber habido pozos en tu vida o en las generaciones pasadas que fluyeron con agua, con vida, con fe, con el poder del Espíritu Santo. Pero tal vez el enemigo ha obstruido eso. Tal vez hoy estés cosechando las consecuencias de los pozos cerrados.

Anímate, porque tienes las mismas herramientas espirituales que tuvo Isaac para restaurarlos. Si cavas y sigues cavando, vas a tocar el agua. Vas a descubrir una tierra de diamantes de avivamiento en tu familia.

Quiero mostrarte cuatro pozos que necesitas cavar para encontrar lo mejor de Dios para ti, tu familia y las generaciones venideras:

- El pozo del sacrificio
- El pozo de la disciplina
- El pozo del tiempo de calidad
- El pozo de la fidelidad

El pozo del sacrificio

El sacrificio ha sido inmolado en esta generación. Queremos que todo sea fácil. ¿Quieres que tú y tu familia sean bendecidos? Se requiere sacrificio. ¿Quieres una unción mil veces más fuerte que nunca? Tienes que orar. Estudia la Palabra. Declara vida a tu situación. Rápido. Cree. Sigue creyendo.

Dios no es tu recolector de basura. Dios no es tu agencia de caridad; no le des tus sobras, las cosas que realmente no quieres. La fe no es un crucero en el que hay diversión y alivio. La fe es un buque de guerra. Es hora de declarar la guerra. Sal de las redes sociales y ponte de rodillas. Apaga la televisión y busca al Espíritu Santo. Deja de dormir los domingos y comienza a plantarte en la casa de Dios.

A Hebreos 11 lo llaman el Salón de la Fama de la Fe. Este *Quién es quién* bíblico enumera a personas como Abraham, Jacob, José, Gedeón y David, personas distinguidas en el reino de Dios que lograron resultados sorprendentes a través de su fe. Sometieron reinos, apagaron la furia de las llamas y fueron valientes en la batalla (ver los versículos 33-34). Habla de cosas impresionantes.

En medio de esta lista, el escritor menciona a algunas personas que no hicieron nada que a primera vista parezca poderoso o maravilloso. Y, sin embargo, Dios los incluye en este Salón de la Fama de la Fe. Estas tres personas eran héroes, no por su estrategia militar o su capacidad para liderar naciones. Eran héroes porque salvaron a sus familias. Estaban consagrados a sus seres queridos. Se sacrificaron mucho por ellos en nombre de Dios. Cuando hacemos sacrificios para orientar a nuestra familia en la dirección de Aquel que dio su vida por nosotros, cavamos un pozo profundo que apagará su sed en los años venideros. Descubrimos tierras de diamantes llenas de bendiciones espirituales.

Rajab fue una de esas personas. «Por la fe la prostituta Rajab no murió junto con los desobedientes, pues había recibido en paz a los espías» (versículo 31). Cuando los dos espías de Israel estaban siendo perseguidos y escondidos en la casa de Rajab, ella hizo un trato con ellos. «Te ayudaré si garantizas mi seguridad y la de mis padres, hermanos y todas sus familias. Entonces, cuando invadas esta ciudad y el juicio venga a este lugar, si puedo conseguir a mi familia en esta casa, prométeme que serán salvos».[1] Los espías estuvieron de acuerdo.

Rajab consiguió a su familia en la casa. Esa no fue una tarea fácil. Ella era una prostituta. Era un suicidio social para las personas estar en su casa. Pero ella sabía que, si su familia estaba en la casa y si ella hacía su parte, Dios haría la de Él y todos serían salvos. Rajab era una heroína de la fe porque conocía el poder de estar «en la casa», que es otra forma de decir «en la iglesia».

¿Quieres ser un héroe en tu familia? Mantenla en la casa de Dios. No les preguntes a tus adolescentes, que aún no se han

173

ganado el derecho a tener una opinión, si quieren o no ir a la iglesia. Levanta a tus hijos. Lleva a tu familia a la iglesia. Haz el sacrificio. A veces la cama es tan cómoda que es tentador quedarse en ella, pero la única forma de cosechar una tierra de diamantes en tu familia es plantarlos en la casa.

Noé fue otro héroe en su familia. «Por la fe Noé, cuando fue advertido por Dios acerca de cosas que aún no se veían, con temor preparó el arca en que su casa se salvase» (Hebreos 11:7 NTV). Noé construyó el arca, un tipo de la iglesia de hoy, no la hizo solo, sino que involucró a toda su familia en la obra de Dios. Durante cien años, Noé y sus hijos pasaron la mayor parte de sus días midiendo, cortando, martillando y construyendo. Construir botes era la cultura de su familia. En otras palabras, trabajaban en la iglesia. No solo se presentaban el domingo, se sentaban a través del servicio y se movían. Servían. Daban. Se conectaban con otros. Cavaron un pozo de sacrificio.

Noé fue un héroe de la fe porque hizo que todos sus hijos construyeran para el reino. Comparto algo de su alegría, porque estoy inmensamente orgulloso de mis hijos. Todos ellos trabajan para el Señor y, de alguna manera, le sirven. Ahora, no siempre se entusiasmaron por ser parte de lo que hacemos. Hubo momentos en que Cherise y yo prácticamente teníamos que arrastrarlos a la iglesia. Se sentaban en el servicio con los brazos cruzados, parecían aburridos y molestos. Pero mi esposa y yo nos negamos a construir nuestro ministerio sin la participación de los hijos. Puede que no hayan disfrutado cada minuto al pasar algunas noches a la semana en la iglesia, pero valió la pena. Proverbios 22:6 exhorta: «Instruye al niño en el camino correcto, y aun en su vejez no lo abandonará». Es posible que parezca que tu hijo se ha apartado del camino del Señor hoy, pero quiero alentarte a que sirvas a Dios, sigas orando y sigas creyendo. Dios descubrirá una tierra de diamantes en tus hijos a su tiempo.

Por último, tenemos a los padres de Moisés. «Por la fe Moisés, cuando nació, fue escondido por sus padres por tres meses, porque le vieron niño hermoso, y no temieron el decreto del rey» (Hebreos 11:23). Esta mamá y este papá fueron héroes a los ojos de Dios porque ocultaron a su hijo Moisés de los males de las influencias externas. Protegieron a Moisés todo el tiempo que pudieron. Eres un héroe si aprendes a ocultar a tus hijos de las influencias externas dañinas y destructivas. Sé que algún día estarán expuestos a internet, violencia, pornografía, alcoholismo, drogas y tentaciones sexuales pero, mientras puedas, protégelos de esas cosas. Cerciórate de lo que hacen y hacia dónde van. Cerciórate de quiénes son sus amigos. Cerciórate de lo que están escuchando y viendo. Mientras vivan en tu casa, resguárdalos de la inmundicia de este mundo. Cuando proteges a tus hijos de esa manera, los preparas para tener una vida de fe. ¡Diamantes!

Mantente firme. Sé un héroe en tu familia. Recuerda, tu Padre celestial ya ganó la guerra de tu familia. No te rindas. Sigue cavando el pozo del sacrificio. ¡Te aseguro que valdrá la pena!

El pozo de la disciplina

Los seres humanos son pecaminosos. Los niños también lo son. Es natural que sean desobedientes. Es natural que sean irrespetuosos, respondones. Lo único que evitará que un niño caiga es la creencia de los padres y la aplicación de la disciplina en el hogar.

Cada padre tiene su propia filosofía de crianza. Y cada dinámica familiar es única. Algunos niños viven en hogares monoparentales. Otros pasan ciertos días o semanas con uno de los progenitores, luego intercambian. Algunos están creciendo en familias mixtas. Cualquiera sea tu situación y tu estilo de criar hijos, la disciplina es esencial. Lo que haces cuando son jóvenes prepara el escenario para cuando crezcan. Entrénalos para que sean obedientes. Entrénalos para que escuchen. Capacítalos para que resuelvan problemas por su cuenta. Entrénalos para servir a los demás. Capacítalos para ser amables y alentadores. Entrénalos para que sean respetuosos.

Vuelve a cavar el pozo de la disciplina en tu hogar. Tus hijos pueden ser mayores, y tal vez fallaste en esta área cuando eran más jóvenes. Es posible que no puedas recuperar el tiempo perdido, pero puedes comenzar hoy a dar el ejemplo correcto y enseñarles las formas correctas.

El pozo del tiempo de calidad

Para que la disciplina sea efectiva, debes fomentar tu relación con tu familia. Pasa tiempo con ellos. Las familias necesitan divertirse juntas. Tomen vacaciones. Salgan en excursiones de un día. Vayan a la heladería una vez por semana. Asistan juntos a un concierto. Establezcan noches para ver películas o jugar en casa. Lo sé, tal vez eso suene idílico. Pero si eres padre, sabes lo abrumadora que puede ser la vida en el hogar. A veces es bueno deshacerse de la norma y tomar un descanso junto con tu familia. Deja que vean tu lado divertido. Deja que te vean como humano. A veces, cuando intentas hacer eso, se convierte en un fracaso épico. Pero al menos podrás reírte de eso. A veces eso es todo lo que puedes hacer. Pero, oye, reír es bueno.

Recuerdo que hace años, cuando los chicos eran pequeños, tuvimos que levantarnos a las seis de la mañana para llevar a nuestra hija mayor, Courteney, a un torneo de fútbol. Ella jugó.

La vimos. Al manejar de regreso a casa, cada uno de nuestros cinco hijos discutían y se quejaban todo el camino.

«Ella me tocó».

«¡Él agarró mi juguete!».

«¡No, es mío!».

«¡Tengo hambre!».

«¡Deja de mirarme!».

Esa noche fuimos a una fiesta de cumpleaños en Chuck E. Cheese. Y sucedió lo mismo en el trayecto en el auto. Quejidos. Peleas por las cosas más tontas. Cherise y yo inventamos muchas cosas en el camino. Una y otra vez dijimos: «Si lo haces una vez más, lo haremos...». Ahora, ese caos no era necesariamente fuera de lo común, pero me había levantado temprano esa mañana y estaba cansado. Todo empezaba a crisparme los nervios.

La fiesta en Chuck E. Cheese estaba llena. Ruido. Dos horas más viendo a cientos de personas enloquecidas gritando y corriendo como conejos. Casi al final, Connar y Drake, nuestros dos hijos más pequeños, estaban en las primeras etapas de una crisis. Nos fuimos poco después para evitar una gran crisis. Quería irme a casa y directo a la cama.

En el trayecto, comenzó la tercera parte de los lloriqueos y las peleas. Esta vez, los niños discutieron por los pequeños premios que habían ganado en la fiesta. Entonces, de la nada, alguien sugirió la brillante idea de ir a tomar helados. A los niños solo tenían que mencionárselo. Yo dije que sí. Unos minutos más tarde, todos los chicos estaban abrochados y armados con un delicioso helado. Finalmente nos dirigimos a casa. Nunca olvidaré que me detuve en una luz roja inusualmente prolongada. Miré por el espejo retrovisor y noté que Drake sostenía un cono. Solo el cono. No tenía helado en el cono. Lo tenía en toda la cara, en su camisa, en su regazo, en el asiento y en el costado del auto. A él no parecía importarle, pero a mí sí. No teníamos servilletas ni nada que pudiera limpiar aquel desorden. Todavía parado en esa luz roja, comencé a gritar. Cherise empezó a gritar. Entonces Drake se nos unió. Bajé la ventana y grité: «Solo tíralo, Drake. Solo tira el cono».

Cuando Drake arrojó aquel cono por la ventana, el conductor del automóvil que estaba detrás de mí comenzó a pitar y a gritar por la ventana: «¡Sabandija! ¡Pequeño microbio! ¡Recógelo, sabandija!». Y no lo hizo una vez. ¡Lo hizo una y otra vez! No me enorgullezco de eso, pero lo espeté. Le grité a través de la ventana entreabierta. No es uno de mis momentos más gratos.

Cuando eché la cabeza hacia atrás en el auto, me sorprendió lo que escuché. ¡Nada! ¡Un silencio ensordecedor! Nada de llantos. Ninguna queja. Todas las pequeñas personas en ese auto se sentaron en sus asientos como soldados obedientes, con los ojos muy abiertos y la boca bien cerrada.

Entonces, la voz de una pequeña persona se escuchó desde el asiento trasero. «Oooh, papi», me recriminó Caroline, «estás en problemas. ¡Le contaré a Maggie House!». Maggie era una de sus amigas de la iglesia. Las dos tenían una habilidad especial para difundir noticias como incendios forestales. No dije nada. Nadie más lo hizo tampoco. Luego, casi al unísono, todos nos echamos a reír. Cherise y yo nos reímos tanto que las lágrimas inundaron nuestros rostros.

Ríete con tus hijos. Acompáñalos. Preséntate al partido de fútbol. Asiste a la obra de teatro. Ve al recital de baile. Haz una cita especial con tus hijos una vez al mes. Lee con ellos antes de irse a dormir. Sal y diviértete con tu familia. ¡No hay nada igual!

El pozo de la fidelidad

El hombre fiel recibirá muchas bendiciones.[2] Pablo nos enseña que «Ahora bien, alguien que recibe el cargo de administrador debe ser fiel» (1 Corintios 4:2 NTV). Eres responsable de administrar tu familia. ¿Eres fiel en tu matrimonio? ¿Eres fiel en mantener a tu familia? ¿Eres fiel en hacer lo correcto? ¿Eres fiel en la casa de Dios? ¿Eres fiel en crear un ambiente de fe en tu hogar? Cuando eres fiel, finalmente verás una tierra de diamantes en el fruto de tu sacrificio.

Mis padres cavaron un pozo de fidelidad y no pude escapar de él. Tuve la bendición de tener una mamá y un papá que amaban a Dios y a su familia. Nos guiaron en la fe como un estilo de vida. En la iglesia y en casa, mis padres eran fieles. Estoy extraordinariamente contento por la influencia que ejercieron en mi vida, ¡porque fue una gran bendición!

Sé que no todos tuvieron padres ejemplares mientras crecían, pero si tienes hijos, puedes ser uno de esos para ellos. Cava el pozo de la fidelidad. Una de las formas más influyentes de hacer eso es orando periódicamente. Ora por ellos en esa etapa rebelde de los doce años. Ora durante los trece, cuando las hormonas se revuelven y advierten, a lo grande, el sexo opuesto. Ora durante los quince años, ora hasta los dieciséis, los dieciocho y cuando se vayan a la universidad. ¡Ora por ellos toda su vida!

Tus hijos son las armas de Dios

Cuando dedicas a tus hijos al Señor, los pones en un refugio espiritual. A veces necesitamos que Dios nos ayude a abrir los ojos para ver el potencial en nuestros hijos. Puedes ver a tu hijo como dulce o tímido, impulsivo o estudioso, rebelde u obediente, pero Dios los ve bajo una luz completamente diferente. Los ve como armas.

> Los hijos son una herencia del Señor, los frutos del vientre son una recompensa. Como flechas en las manos del guerrero son los hijos de la juventud. Dichosos los que llenan su aljaba con esta clase de flechas. No serán avergonzados por sus enemigos cuando litiguen con ellos en los tribunales.
>
> Salmos 127:3-4

Cuando Dios te salvó, no solo pensó en la salvación *tuya*. También vio en ti a otra generación y otra y otra a las que salvaría. No se trata solo de ti. Cuando Dios nos mira, ve seres multigeneracionales. Las tierras de diamantes de bendición espiritual pueden extenderse mucho más allá de nuestras propias vidas terrenales.

Dios no ve a nuestros hijos solo como carne y hueso. Dios no ve a nuestros hijos lindos. Dios no ve a nuestros hijos como un regalo que nos da. Dios no nos da hijos solo para que podamos sentir las emociones de la paternidad. Cuando Dios da hijos a una pareja justa, es porque ve a esos niños como armas. Los ve como flechas de liberación. Los ve como flechas que hacen una diferencia en su nombre. Los ve como saetas que atraviesan la oscuridad.

A veces, como padres, debemos recordar el panorama general. No estamos en este mundo solo para pasar un buen rato o para que podamos criar hijos que usen ropa fresca, ganen torneos de baloncesto en la escuela secundaria o vayan a las universidades privadas de la prestigiosa Ivy League. Somos arcos que envían las flechas de nuestros hijos al mundo para que Dios las use para sus propósitos.

De modo que, si estás comenzando a planificar tu familia, si tienes hijos adolescentes o si son una familia mixta, piensa en cómo estás proyectando a tus hijos en este mundo. ¿Los estás enviando en la dirección correcta? ¿Los estás enviando a fiestas o peleas o a la amargura o a la adicción? ¿En qué dirección estás tú, como arco, proyectando las flechas espirituales de los hijos que Dios te ha confiado?

Por desdicha, creo que muchas flechas se rompen en la aljaba. Antes de que puedan salir, nuestros hijos son desgarrados por el negativismo, el abuso, las maldiciones generacionales, la infidelidad, la pobreza, el abandono. Si no tienes tiempo para tus hijos, para orar por ellos y para hablarles, no tendrán oportunidad para soportar una pelea.

Dios ve a esos niños como armas. Los ve como flechas de liberación. Los ve como flechas que hacen una diferencia en su nombre. Los ve como saetas que atraviesan la oscuridad.

El Salmo 78:9 es una escritura aleccionadora: «Los guerreros de Efraín, aunque estaban armados con arcos, dieron la espalda y huyeron el día de la batalla». ¿Te imaginas ir a la batalla armado con arcos, pero sin flechas? ¡Te aplastarían! Como padre, no puedes pelear la buena batalla de la fe contra las fuerzas de la oscuridad con un arco y una aljaba vacía. No ganarás. Es por eso que tienes que ser implacable para cavar el pozo del sacrificio, el pozo de la disciplina, el pozo del tiempo de calidad y el pozo de la fidelidad. Cuando apuntemos a nuestros hijos en la dirección correcta, ellos serán las armas que Dios usará para detener al enemigo.

Dios está tratando de formar un ejército, una familia. Se supone que nuestras familias aterrorizan al enemigo. «Por mi parte, mi familia y yo serviremos al Señor» (Josué 24:15). Si nos comprometemos a criar y nutrir a una familia piadosa, nuestros hijos cargarán contra las puertas del infierno. Cosecharemos una tierra de diamantes de lo que es posible cuando Dios obra en ellos y a través de ellos. Así que equipa a tus hijos. Ora por ellos. Llévalos a la iglesia. Lee la Biblia con ellos. Sostengan discusiones sobre la fe. Restaura las flechas rotas y lánzalas al mundo por Jesús. Descubrirán una tierra de diamantes mucho más grandes de lo que podrían imaginar.

Ricky Hoyt nació cuadripléjico espástico con parálisis cerebral, incapaz de caminar o hablar mientras crecía. Los médicos les dijeron a sus padres que su hijo sería poco más que un vegetal y sugirieron que lo confinaran en una institución. Los padres de Ricky se negaron. Comenzaron a trabajar con él, enseñándole a leer. Cuando tenía once años, Ricky aprendió a comunicarse con una computadora y comenzó a asistir a la escuela pública. Fue a la universidad y al fin trabajó para el Boston College. Cuando Ricky tenía quince años, se enteró de una carrera para apoyar a un atleta de su escuela que había sufrido parálisis. Se lo contó a Dick, su padre. Dick no era corredor. Ni tenía deseos de correr, pero al ver cuánto quería participar su hijo, descubrió una manera. Corría y empujaba a su hijo en una silla de ruedas hasta llegar a la meta. Después de esa primera carrera, Rick le dijo a su padre: «Cuando estoy corriendo, siento que no estoy discapacitado».[3] Dick empezó a entrenar fuerte y a participar en más carreras, todo por su hijo. Fue el comienzo de un asombroso equipo de resistencia deportiva padre e hijo que compitió en 1130 eventos de resistencia, incluidos setenta y dos maratones, seis triatlones de larga distancia (la distancia de Ironman) y siete triatlones de media distancia.

Pienso en ese padre terrenal y recuerdo que somos totalmente incapaces de llegar a la meta sin nuestro Padre celestial. El enemigo quiere destruirte a ti y a tu matrimonio, dándole un camino claro para luego destruir a tus hijos. Él no quiere que veas una tierra de diamantes en tu casa. Te está persiguiendo arduamente para robarte esas cosas. No es fácil estar casado. No es fácil criar una familia. Pero Jesús te lleva a través de cada camino rocoso. Te ayudará escalar cada montaña. Te empujará a través de cada océano. Te empujará a través de cada obstáculo. Y te llevará a través de la línea de meta.

Si aún no lo has hecho, empieza a cavar pozos para ti y tu familia. Y, en vez de pelear con tu cónyuge o tus hijos, comienza a pelear por tu familia. Su gracia es suficiente para sacar los diamantes de la victoria sobre la lucha, la amargura, la infidelidad, las disputas y la falta de perdón.

11

Si estás en el partido, puedes ganar

Cuando el pueblo de Israel salió de Egipto, Dios no los llevó a través de la tierra de los filisteos sino a su alrededor, a través del desierto.[1] Lo hizo a propósito. Sabía que, si hubieran tomado la primera ruta, habrían entrado en conflicto con los filisteos, se desanimarían y regresarían a Egipto. Debido a que el pueblo de Israel no estaba listo para enfrentar al enemigo, Dios los llevó por el camino más largo.

Hay una verdad fundamental aquí. Este pasaje me dice que, si estamos en una situación difícil, es porque Dios nos ha puesto allí o nos ha permitido estar allí. Y si estamos en ello, podemos ganar.

El conflicto construye la fuerza. Muchas veces nuestras oraciones giran en torno a decirle a Dios que nos saque de algo. Pero Él te tiene donde estás por una razón. Hay momentos en que Dios quiere hacer algo por ti y hay momentos en los que quiere hacer algo a través de ti.

¿Estás pasando por un conflicto en este momento? ¿Estás luchando con una adicción, con la amargura de algo que sucedió, con una injusticia, un problema de salud o con la confusión dentro de tu matrimonio o tu familia? Quiero darte buenas noticias: Dios ya te ha equipado para ganar. Si tu situación parece imposible en este momento, entérate de que Dios es el Dios de lo imposible. No importa cuán devastadora sea tu situación actual; en este momento, estás parado sobre una tierra de diamantes. Él es tu victoria.

Grandes victorias en medio de los huesos secos

Jesús desafió a sus discípulos con esta sencilla exhortación: «Para ustedes nada sería imposible» (Mateo 17:20). Cuando Dios te pide que hagas algo posible y lo haces, te hace ver bien. Pero cuando te da algo imposible de hacer (o un lugar imposible donde quedarte), y luego te usa para hacerlo, ¡Él se glorifica!

Creo que la aventura por la que todos firmamos el día en que declaramos a Jesús como el Señor de nuestras vidas fue hacer lo imposible. La persona armada con fe es más poderosa que la que tiene todos los hechos. Los hechos son reales, pero la verdad es mayor que los hechos. Los hechos pueden decir: «No tienes suficiente dinero para hacer lo que Dios te está llamando a hacer». Pero la verdad dice: «¡Dios satisfará todas tus necesidades de acuerdo con sus riquezas en gloria!».

Puede que parezca imposible considerar tu situación y ver una tierra de diamantes en ella, pero apuesto a que nunca se te ha presentado una imposibilidad tan grande como la del antiguo profeta Ezequiel. Como leemos en Ezequiel 37, este se encontraba en un gran valle, un lugar bajo. Cuando miró a su alrededor, hasta donde alcanzaba la vista, el suelo estaba lleno de montones de huesos humanos que estaban desunidos y resquebrajados por el sol. Dios le preguntó a Ezequiel si los huesos podían vivir. El profeta sabiamente respondió: «Oh Señor Dios, tú lo sabes» (versículo 3). En otras palabras, Ezequiel no tenía idea de cómo podría suceder, pero confiaba en que Dios lo sabría.

La situación debe haber parecido completamente desesperada para el ojo natural. Pero el Señor tenía un plan. Así que le dijo a Ezequiel que les profetizara a los huesos. Creo que este pasaje ilustra bellamente el poder del aliento de Dios, la manera en que da vida a las situaciones muertas. El valle que estaba cubierto de huesos cobró vida. Y de él surgió un ejército vivo que respiraba, impulsado por el aliento de Dios que extrae vida de la muerte y esperanza de la desesperanza. ¡Tierra de diamantes!

El enemigo puede haber envuelto una cuerda de desesperación alrededor de tu vida hasta el punto de que sientes que no puedes respirar de nuevo. Esfuérzate. El mismo aliento de Dios que dio vida a Adán también vivificó los huesos secos de Ezequiel, inspiró el Espíritu Santo en los discípulos del aposento alto e inspiró cada palabra de la Biblia.

Puedes estar parado en medio de un cementerio en alguna área de tu vida. Tal vez tu matrimonio esté muerto. Quizás tus finanzas estén muertas. Tal vez tu carrera se está desvaneciendo. Tal vez tu sueño ha fallado. Bueno, estás en un buen lugar, ¡porque la mayor victoria jamás ganada se dio en un cementerio!

¡La mayor victoria jamás ganada se dio en un cementerio!

Tu mayor victoria llega cuando parece que todo a tu alrededor está muerto. Es fácil perder la alegría cuando no puedes ver la tierra de diamantes donde Dios te ha llamado a quedarte. Es la naturaleza humana.

Cuando llegamos a un valle, el enemigo quiere marchitar nuestra alegría. Pero me niego a dejar que un pecador se divierta más en su pecado que yo en mi justicia por medio de Cristo Jesús. No dejes que el diablo te seque. No te vuelvas inseguro o desanimado solo porque tus circunstancias se vean diferentes de lo que crees que Dios te ha prometido. Al contrario, promueve el gozo. Si la mano del Señor te lleva a un lugar bajo, recuerda que el gozo del Señor es tu fortaleza (ver Nehemías 8:10). Fortalécete en Él cuando estés en un valle. Ora. Medita en su Palabra. Rodéate de personas que te animen.

Una cosa más: quita los ojos de los huesos muertos. No centres toda tu atención, energía y tiempo en el cementerio de tu situación actual. Concéntrate en el hecho de que Dios tiene un propósito para tu vida y un propósito para el lugar en donde te encuentras. Quédate en ese lugar. Dios puede traer a la vida algo que estaba muerto. Ese sueño. Ese matrimonio. Esa vocación. Lo único vivo en el valle de los huesos secos era Ezequiel. Puedes ser el mismo que Dios ha elegido para dar vida a algo que está muerto en este momento. Puedes ser el instrumento del avivamiento.

¿Sabes cuál es nuestro problema? Oramos por lluvia y dejamos el paraguas en la casa. Nos falta la fe de que Dios puede hacer lo imposible. Cuando Dios está listo para que hagas algo, a veces simplemente puede arrojarte a donde quiere que vayas. Puede que no sepas por qué estás ahí. Puede que ni siquiera entiendas lo que está sucediendo. No se sabe a dónde te va a llevar Dios.

No confundas tu campo de batalla con un cementerio. La razón por la que esos huesos no fueron enterrados es porque Dios no había terminado con ellos. No estás en un cementerio. Estás en un campo de batalla. Y Dios ganará la guerra.

Ponte bajo la mano de Dios

Una de las mayores oraciones que necesitamos para comenzar a orar es que la mano del Señor venga sobre nosotros. Cuando la mano del Señor está sobre nosotros, podemos hacer lo que otros no pueden. Independientemente de dónde nos encontremos en lo natural, pueden pasarnos cosas que excedan nuestras mayores expectativas, pero solo si la mano del Señor está sobre nosotros.

Ezequiel experimentó el milagro de los huesos secos que cobraron vida porque «la mano del SEÑOR vino sobre mí y me llevó en el Espíritu del SEÑOR».[2] Necesitamos la mano de Dios en nuestras vidas, especialmente cuando parece que hemos sido plantados en un terreno árido. Tú puedes llegar a la cima de la escala corporativa, tener casas en varios países y una cuenta bancaria de la que un rey se enorgullecería, pero sin la unción que viene de andar en comunión con Dios, de nada sirve. Cuando invitamos a Dios a cubrir nuestros esfuerzos con su Espíritu, ¡no podemos fallar! ¡Es imposible! Él es el que hace la diferencia. Él es el sustentador. El cumplidor. El promotor. El consolador. El sanador. Nuestra ayuda siempre presente en tiempos de necesidad.

Esta unción se halla en un solo lugar: en la mano del Señor. Podemos ver en la Biblia cuán significativo es esto. Hechos 11:21 (RVR1960) nos dice que: «Y la mano del Señor estaba con ellos, y gran número creyó y se convirtió al Señor».

Solía pensar que esta era una frase extraña. ¿Por qué decía que «la mano del Señor estaba con ellos» en lugar de simplemente «el Señor estaba con ellos»? Cuando comencé a estudiar esta frase, «la mano del Señor», la encontré una y otra vez en la Biblia. (En lugar de llenarte de referencias de las Escrituras, cuando tengas un momento libre, haz una búsqueda y compruébalo tú mismo. ¡Es bastante sorprendente!) Cuando estaba creciendo en la iglesia, lidiamos con grandes problemas demasiado difíciles de resolver con nuestra sabiduría y habilidad natural. Los expertos de la iglesia siempre decían: «Pongámoslo en manos de Dios». Hay más en eso de lo que probablemente se daban cuenta.

Uno de mis textos bíblicos favoritos sobre este tema es la oración que Jabes hizo: «E invocó Jabes al Dios de Israel, diciendo: ¡Oh, si me dieras bendición, y ensancharas mi territorio, y si tu mano estuviera conmigo, y me libraras de mal, para que no me dañe!» (1 Crónicas 4:10 RVR1960). La mano del Señor es poderosa. Jabes lo sabía. Nosotros también deberíamos saberlo. Independientemente de cómo sea la situación actual, cuando la mano del Señor viene sobre nosotros y nos sincronizamos con el Espíritu Santo, todo cambia. Quizás no sea la circunstancia en ese mismo momento, pero Dios desarrolla en nosotros lo que necesitamos para llevar a cabo nuestro propósito a través de ello.

Cuando la mano del Señor está sobre ti, puedes hacer lo que otros no pueden hacer. Tienes protección. Te sostiene. Tienes valentía. Tienes una visión y no te distraerás. Triunfas. Duermes en paz. Tienes una alegría indescriptible. Ninguna arma formada contra ti prosperará (incluida tu propia estupidez). Cuando la mano del Señor está sobre ti, nadie puede hacer nada al respecto. Más que orar para que Dios cambie las circunstancias a nuestro favor, debemos hacerlo para que su mano esté en nuestras vidas. Esta es la única forma de descubrir una tierra de diamantes.

Al enemigo no le gustaría nada más que retrocedieras en este momento en vez de quedarte y descubrir una tierra de diamantes. Él quiere que te rindas. Él quiere que te vayas del lugar o te alejes de las personas a quienes Dios te ha llamado. Quiere que pienses que tu situación es imposible. Quiero que sepas que

Dios es fiel para completar lo que comenzó (ver Filipenses 1:6). Él terminará el trabajo que ha comenzado en tu vida.

A menudo pensamos que la definición mundana de éxito es lo que vale. Que nuestro testimonio muestra a aquellos que no conocen a Jesús cuán bien estamos o qué tan lejos hemos llegado materialmente hablando. Sin embargo, lo importante es mostrarle al mundo el toque de Dios en nuestras vidas y nuestras familias. Los diamantes naturales se desvanecen, pero los espirituales, los tesoros escondidos de Dios, son eternos.

No teníamos mucho cuando crecimos en Henderson, Carolina del Norte. Nuestra familia vivía al lado de una fábrica de algodón. Además de su trabajo como pastor, mi papá vendía sándwiches. Se levantaba alrededor de las cuatro de la mañana, empacaba unos cien sándwiches de chorizo envueltos en papel de aluminio que mamá preparaba, y se marchaba en su vieja y polvorienta camioneta, luego se dirigía al molino para venderlos por veinticinco o cincuenta centavos cada uno. No ganaba mucho dinero, pero ganó lo suficiente para mantener a nuestra familia. No teníamos buenos autos. Vivíamos en una casa pobre. No teníamos lo más nuevo ni lo mejor de nada. Sin embargo, lo que teníamos no tenía precio y era eterno e hizo la mayor diferencia. Teníamos la mano de Dios sobre nosotros. Había algo en las oraciones de mis padres que colocó su mano sobre nuestras vidas. Los niños lo sabíamos y nunca podríamos quitárnoslo.

Cuando la mano de Dios está sobre ti en situaciones que son imposibles, Él te brindará oportunidades en las que se manifestará y presumirá.

Cuando el presidente Donald Trump asumió el cargo, fui invitado a formar parte del Comité Asesor Evangélico Presidencial, lo cual acepté. Independientemente de las opiniones políticas que tenga sobre el hombre o la presidencia, quiero decir que aprendí que la presencia lo es todo. Creo que Dios me llamó a ese papel. Puede que no esté de acuerdo con todo lo que el presidente Trump dice o hace, pero no puedo influir en él si no estoy en la mesa. Y he recibido críticas por estar ahí. He recibido ataque tras ataque. Pero me he quedado en ese lugar, no importa cuán mal arremetan contra mí los críticos y los detractores.

En 2018, estuve en una reunión en la Casa Blanca en Washington, D. C., en la que hablé sobre la política de DACA (siglas en inglés de Acción diferida para los llegados en la infancia). Esta política permite que los hijos de inmigrantes que llegaron ilegalmente al país permanezcan aquí si tenían menos de dieciséis años cuando llegaron, siempre que hayan vivido en los Estados Unidos desde 2007. A estos niños los llamamos Dreamers (soñadores). Cuando hablé en esa reunión, el programa DACA estaba en riesgo de ser eliminado. Como seguidor de Cristo, creo que nuestras leyes siempre deben estar respaldadas por la justicia y la misericordia. En el caso de los Dreamers, estos valores no podrían ser más aplicables. Ellos fueron traídos a Estados Unidos de América no por su propia voluntad. No tenían más remedio que crecer aquí. No creo que nadie pueda culparlos por construir una vida aquí. Los soñadores están en mi iglesia, están en mi vida, son amigos de mis hijos y son mis amigos. Me importan estos chicos y creo que deberían tener la oportunidad de un camino adecuado hacia la ciudadanía.

Al apoyar la causa de los Dreamers, mi discurso llamó la atención del Presidente. En cinco minutos, me encontré en una situación increíble, algo que solo podía atribuirse a la mano de Dios sobre mi vida. Me llevaron rápidamente a la Oficina Oval y me senté frente al escritorio del Presidente. ¿Cómo terminó aquí el hijo de un predicador de un pequeño pueblo en medio de la nada? No me puse aquí. No lo pedí. Fue la mano del Señor. El Dios de lo imposible.

Lo siguiente que supe fue que estaba en la mesa con el presidente Trump. Entró en la oficina, se sentó frente a mí en su escritorio y me miró a los ojos. Durante siete minutos discutimos sobre DACA y Dreamers, y pude hablar acerca de la situación. No sé cuál será el resultado, pero sí sé que, sin la mano de Dios sobre mi vida, no habría tenido la oportunidad de hacer una diferencia en el lugar donde Él me ha llamado.

Desde entonces he estado en la Casa Blanca y me he reunido con el presidente Trump y su administración en numerosas ocasiones. Ha sido un gran honor darle la perspectiva cristiana sobre una variedad de temas como el aborto, la política de Israel, la reforma penitenciaria y la renovación urbana. He sido testigo de cosas en algunas de esas reuniones que solo la mano del Señor podría haber orquestado.

Cuando la mano del Señor está sobre tu vida, no tiene que ver con descubrir una tierra de diamantes para tu propósito, disfrute o gloria. Se trata de Él. Se trata de su propósito. Se trata de su plan.

Dilo

Luchamos por la plenitud de la bendición de Dios para nosotros y nuestras familias mediante la participación de la palabra profética en nuestras batallas espirituales.

El apóstol Pablo le dio ciertas instrucciones a Timoteo, su compañero de trabajo, para que difundiera el evangelio y estableciera múltiples iglesias:

> Timoteo, hijo mío, te doy este encargo porque tengo en cuenta las profecías que antes se hicieron acerca de ti. Deseo que, apoyado en ellas, pelees la buena batalla y mantengas la fe y una

buena conciencia. Por no hacerle caso a su conciencia, algunos han naufragado en la fe.

1 Timoteo 1:18-19

Me encanta el hecho de que Pablo conecta esta instrucción con la profecía. Él le dice a Timoteo que vaya a la guerra, que participe en una guerra espiritual con profecías. La versión en inglés de la Biblia llamada *Passion Translation* lo expresa de esta manera: «Usa tus profecías como armas mientras emprendes la guerra espiritual por fe y con la conciencia limpia».

La profecía es una palabra de Dios sobre tu futuro. No se trata de dónde estás; se trata de dónde estarás. Es probable que el lugar donde te encuentres no se parezca en nada a una tierra de diamantes, pero ten fe en que algún día será así. Aunque hay varias formas en que Dios nos habla, la más obvia es a través de la Biblia. La Palabra de Dios está llena de promesas que podemos usar para profetizar sobre nuestras vidas.

Tienes una profecía sobre tu vida. Ahora, esto es importante, aunque Dios siempre cumplirá sus promesas, no está obligado a mantener nuestro potencial. Cuando pronuncia una palabra de profecía sobre nuestras vidas, es nuestra responsabilidad tomar esa palabra e ir a la guerra con ella. En el caso de Timoteo, Pablo le dijo que tomara las profecías y emprendiera una guerra espiritual contra todo lo que intentara evitar que avanzara hacia el futuro que Dios tenía para él. Lo mismo es cierto para ti hoy. Si vas a entrar en la profecía sobre tu vida, debes participar en una guerra espiritual. No entras automáticamente en ella. Se requiere una pelea.

Observa que Pablo le dice a Timoteo que emprenda la guerra con fe y una buena conciencia. Una conciencia buena o limpia está conectada a una fe fuerte. Una conciencia contaminada debilita nuestra fe. Vivir bien crea una conciencia limpia y eso genera una fe fuerte. Atesora y protege una conciencia limpia. Esta es una de las mejores cosas que tienes para forjar tu fe. Sin fe, perderás la batalla.

Habla bendición espiritual a tu vida

Hemos recibido algunos dones espirituales por herencia. Jesús dijo que, si no recibimos el reino de Dios como niños, no podemos entrar en él (ver Marcos 10:15). ¿Qué significa eso? Hay cosas en el reino que no podemos ganar. No podemos desempeñarnos lo suficientemente bien como para obtenerlas. No las merecemos. Pero Jesús dijo que debido a que somos hijos de Dios, podemos entrar al reino de Dios y, por lo tanto, recibir nuestra herencia espiritual. Dado que nuestra identidad está en Jesús, recibimos los dones de salvación, perdón, gracia y vida eterna. Su sangre nos ha sido dada. Somos hueso de su hueso, carne de su carne.

En Mateo 11:12, Jesús habla acerca de cómo el reino de los cielos sufre violencia y solo los violentos lo toman por la fuerza. Si bien recibimos algunas cosas a través de nuestra herencia espiritual, hay otras bendiciones —como la plenitud de la profecía— que tenemos que aprender a tomar por la fuerza, hablando en términos espirituales.

Déjame darte un ejemplo. Si tienes una familia la Biblia te ofrece una palabra profética para ella. «En cuanto a mí y a mi casa, serviremos al Señor».[3] Ahora, no es suficiente que leas esto y lo dejes colgado. Tú eres responsable de administrar esa profecía en tu familia.

Si estás buscando descubrir una tierra de diamantes en tu familia, si parece que nadie además de ti está sirviendo a Dios, debes tomar esta arma profética e ir a la guerra con ella. Cuando

> *La Palabra de Dios te llevará a donde la voluntad de Dios quiera llevarte. Pero tienes que decirlo. Tienes que hablarlo. Tienes que declararlo. Tienes que orarlo. Tienes que decretarlo.*

el enemigo venga a destruirte a ti y a tu familia, entra en guerra espiritual con esta promesa.

La Palabra de Dios te llevará a donde la voluntad de Dios quiera llevarte. Pero tienes que decirlo. Tienes que hablarlo. Tienes que declararlo. Tienes que orarlo. Tienes que decretarlo. Depende de ti tomar una palabra profética e ir a la guerra con esa profecía. Algo tiene que ser hablado. Es hora de comenzar a proclamar la Palabra de Dios sobre tu vida.

Tienes que hablarles a las montañas. Tienes que hablarles a las mentiras. Tienes que hablarle al pecado. Tienes que hablarle a la adicción. Tienes que hablarles a los demonios. Tienes que batallar con profecía. Ora y dilo hasta que suceda. Aún hoy, ahora mismo, comienza a decir cosas como esta:

La escasez no es mi profecía. Tengo más que suficiente.

La derrota y la adicción no son mi profecía. Estoy venciendo por la sangre del Cordero.

Una familia desordenada no es mi profecía. Serviremos al Señor.

La proclamación de la Palabra de Dios en alguna área de tu vida puede marcar una profunda diferencia. Las armas de la profecía te llevarán a ti y a tu familia a lugares donde no puedes llevarlos.

Dios le dijo a Jeremías que velara por su Palabra para cumplirla.[4] La oración más poderosa que puedes elevar es cuando dices lo que ya te ha dicho en su Palabra. Cuando haces eso, le recuerdas a Dios sus promesas. Esto es exactamente lo que hizo Daniel. Leemos en la Biblia que él hizo la guerra en oración con una profecía encontrada en Jeremías que predijo el fin del cautiverio de setenta años de Israel. «He estado buscando en mi calendario», oró Daniel. «Hoy son setenta años. ¿Qué vas a hacer con la profecía que ha estado pendiendo sobre mi cabeza?»[5] Y Dios destruyó el cautiverio y restableció la nación de Israel.

Algunos de ustedes renunciaron demasiado pronto. No importa cuánto tiempo hayas estado luchando. Si la profecía aún no se ha cumplido, si aún no has descubierto la tierra de diamantes, sigue librando la buena batalla. Quédate en el campo de batalla. Dios traerá la victoria tarde o temprano.

El poder de la vida y la muerte están en la lengua. Habla porque sirves al Dios de lo imposible. Habla porque no pasa nada en el mundo espiritual hasta que abres la boca y lo confiesas. Comienza hoy y habla vida a tus sueños. Habla vida a tu vocación. Habla vida a tus hijos. Habla vida a tu cuerpo.

Declara vida al destino de tus hijos. Habla vida a los lugares bajos. Profetiza que el sol volverá a brillar. Profetiza que verás la bondad del Señor mientras estés vivo. Profetiza que la abundancia volverá a ser tu lugar. Puedes haber sido malo, pero profetiza que saldrás de eso. Profetiza que estás a punto de cambiar tu milagro. Es posible que hayas tenido un revés, puede que te hayas equivocado, pero Dios aún no ha terminado contigo.

Ora hoy, no para que Dios te dé palabras para consolarte o en las que encontrarás descanso, sino para que te dé nuevas palabras para luchar.

12

El cielo, la verdadera tierra de diamantes

C. S. Lewis escribió:

Si lees la historia, hallarás que los cristianos que más hicieron por el mundo actual fueron aquellos que solo pensaban la mayor parte de sus vidas en el mundo venidero. Los mismos apóstoles, que instauraron la conversión del Imperio romano, los grandes hombres que construyeron la Edad Media, los evangélicos ingleses que abolieron la trata de esclavos, dejaron su huella en la Tierra, precisamente porque sus mentes estaban ocupadas con el cielo. Debido a que los cristianos han dejado de pensar en el otro mundo, se han vuelto muy ineficaces en esto.[1]

No podemos centrarnos solo en las tierras de diamantes descubiertas en esta vida. Debemos enfocarnos en el panorama general. Necesitamos tener el cielo en nuestra mente. Este mundo no es nuestro hogar; solo somos peregrinos de paso.

Cuando hayas pasado por el calor, la presión y el fuego de la vida, y sientas que no te queda nada, quiero recordarte que las mejores tierras de diamantes que encontrarás están en la vida eterna, con Dios en el cielo.

¿Cuánto dura la eternidad? Por siempre y para siempre. Hubo un tiempo en que no existías, pero nunca habrá un momento en que dejarás de existir. Cuando César gobernó Roma, tú no estabas. Cuando Colón navegó por el mundo, tú no estabas. Cuando los Padres Fundadores establecieron Estados Unidos de América, tú no existías. Pero nunca habrá un día, a partir de ahora, cuando no estés en algún lado.

Es probable que tu mente no pueda comprender la verdad de que, en un millón de años, cinco millones de años, un billón de años a partir de ahora, tu alma estará viva en alguna parte. Si amas y sirves a Jesús, tu último aliento aquí en la tierra será el primero en el cielo por los siglos de los siglos. Oh, espero que esto te anime tanto como a mí.

Cuando estás agotado y tenso emocionalmente al borde de tus límites, acosado por el dolor físico, atormentado por las dificultades financieras o abrumado por un conflicto relacional, es fácil mantener tu atención en esas cosas. Esto es lo que el enemigo quiere que hagamos: centrarnos en nuestros problemas y no en las promesas de Dios. Él quiere que vivamos de modo superficial y terrenal. Quiere que nuestra atención se centre en lo temporal y no en lo eterno, porque nos volvemos peligrosos para sus planes cuando tenemos la eternidad a la vista.

El cielo es real

La promesa del cielo es real. Vamos a caminar por esas calles de oro algún día. Vamos a abrazar a todos los que amamos que llegaron allí antes que nosotros. Vamos a bailar en presencia de Jesús. Eso es real. Y nos está esperando. Este mundo no es nuestro destino final. No es nuestro verdadero hogar. Nuestro hogar está con nuestro Padre en el cielo.

Hay una historia sobre un niño que nació ciego. Nunca había visto la cara de su madre. Nunca había visto las bellezas de la naturaleza. Nunca había visto una puesta de sol. Nunca había visto una flor. Nunca había visto nieve. Con los años, su madre había hecho todo lo posible para describirle esas cosas. Un día, se enteró de un médico de renombre que podía realizar una cirugía que les daba a los ciegos la vista. Ella llevó a su hijo a una consulta y este fue aprobado para la cirugía. La operación fue exitosa. Después de un período de recuperación, era hora de que al niño se le retiraran las vendas que le cubrían los ojos desde que se hizo la cirugía. Cuando le quitaron el último tramo de venda, el niño tardó uno o dos segundos en concentrarse. De repente, corrió hacia la ventana y respiró. Un sol dorado iluminaba el brillante cielo azul. ¡La hierba era de un verde vibrante y las flores cubiertas de maravillosos colores!

Con los ojos muy abiertos, el niño se volvió hacia su madre y le dijo: «Mamá, ¿por qué no me dijiste que estaba viviendo en un mundo tan hermoso?».

Con lágrimas cayendo por sus mejillas, ella respondió: «Cariño, lo intenté. ¡Simplemente no podía hacerle justicia!».

Este es el mismo sentimiento que sintió Pablo cuando trató de describir la maravilla y la belleza del cielo. «Ningún ojo ha visto, ningún oído ha escuchado, ninguna mente humana ha concebido lo que Dios ha preparado para quienes lo aman» (1 Corintios 2:9).

Jesús dijo:

No dejen que el corazón se les llene de angustia; confíen en Dios y confíen también en mí. En el hogar de mi Padre, hay lugar más que suficiente. Si no fuera así, ¿acaso les habría dicho que voy a prepararles un lugar? Cuando todo esté listo, volveré para llevarlos, para que siempre estén conmigo donde yo estoy. Y ustedes conocen el camino que lleva adonde voy.

Juan 14:1-4 NTV

Jesús no se fue de esta tierra para preparar cualquier lugar para aquellos que creen en Él. El cielo es más espectacular de lo que podemos imaginar. La base está construida con doce capas de piedras preciosas. Tiene calles de oro fino hilado. Un río de vida. Mansiones creadas por el arquitecto de los siglos. Mi mansión está ahí. La tuya también.

Se dice que el emperador romano Domiciano hizo arrojar al apóstol Juan a una olla de aceite hirviendo. Milagrosamente, escapó ileso. Dios no lo designó para morir, porque a Juan todavía le quedaba una tarea en la tierra: escribir el libro de Apocalipsis. En un esfuerzo por deshacerse de Juan, Domiciano lo desterró a una isla llamada Patmos. Fue ahí donde Dios permitió que Juan viera una puerta desde la cual dijo (según mi paráfrasis): «Oye, Juan, ¿tienes un mal día? ¿Una mala semana? Ven aquí. Ven a ver desde la perspectiva del cielo lo que realmente sucede cuando tienes un mal día».[2]

Cuando Dios le dijo: «Sube», Juan pudo entrar al paraíso, mirar hacia el cielo. El cielo es un lugar, ya ves. Es real. No es un estado mental. No es un sueño sentimental. No es un producto de nuestra imaginación que inventemos para consolar a las personas que están sufriendo la pérdida de un ser querido. Juan escribió:

Después vi un cielo nuevo y una tierra nueva, porque el primer cielo y la primera tierra habían dejado de existir, lo mismo que el mar. Vi además la ciudad santa, la nueva Jerusalén, que bajaba del cielo, procedente de Dios, preparada como una novia hermosamente vestida para su prometido. Oí una potente voz que provenía del trono y decía: «¡Aquí, entre los seres humanos, está la morada de Dios! Él acampará en medio de ellos, y ellos serán su pueblo; Dios mismo estará con ellos y será su Dios».

Apocalipsis 21:1-3

El cielo se menciona en cincuenta y cuatro de los sesenta y seis libros de la Biblia. Solo en el libro de Mateo, Jesús lo menciona setenta veces. Si el cielo no es real, entonces la Biblia es una mentira.

Cuando Jesús ascendía al cielo después de su muerte y resurrección, sus discípulos se quedaron asombrados, observando su dramática despedida. De repente, dos ángeles aparecieron junto a ellos. «Galileos, ¿qué hacen aquí mirando al cielo? Este mismo Jesús, que ha sido llevado de entre ustedes al cielo, vendrá otra vez de la misma manera que lo han visto irse» (Hechos 1:11).

Pablo escribió:

El Señor mismo descenderá del cielo con voz de mando, con voz de arcángel y con trompeta de Dios, y los muertos en Cristo resucitarán primero. Luego los que estemos vivos, los que hayamos quedado, seremos arrebatados junto con ellos en las nubes para encontrarnos con el Señor en el aire. Y así estaremos con el Señor para siempre. Por lo tanto, anímense unos a otros con estas palabras.

1 Tesalonicenses 4:16-18

Observe la última línea: *anímense unos a otros con estas palabras*. Se nos ordena predicar sobre el cielo. Se nos ordena hablar sobre el rapto de la Iglesia de Jesucristo. Jesús no quería que su pueblo solo pensara en la tierra. Quería que supieran que hay más que esta vida en la tierra, y que vivan con eso en mente.

La vida es dura. Las pruebas nos estremecen. Los problemas van y vienen. La lucha es real. Pero también lo es el cielo. Esto debería llenarnos de alegría y esperanza. Pase lo que pase en esta vida, aquellos que creen en Jesús recibirán la bendición suprema de Dios, su mejor regalo para nosotros: la vida eterna con Él en el cielo. ¡Tierras y tierras y más tierras de diamantes!

> *Esto debería llenarnos de alegría y esperanza. Pase lo que pase en esta vida, aquellos que creen en Jesús recibirán la bendición suprema de Dios, su mejor regalo para nosotros: la vida eterna con Él en el cielo.*

Durante mi juventud en la pequeña iglesia rural de mi padre, hice todo en nuestro departamento de música. Toqué la batería. Toqué el saxo. Toqué el piano. Dirigí el coro de adultos. Dirigí el coro de niños. Canté los solos. Una de las canciones que cantábamos a menudo hablaba de lo bien que nos sentimos porque el cielo está en nuestra mente y cómo queremos ir a donde fluyen la leche y la miel, y así sucesivamente. Cuando entonábamos esa canción, la iglesia entraba en un entusiasmo sobrenatural. El sonido de los tambores resonaba en las paredes. El órgano se escuchaba en la calle. La gente bailaba y gritaba en los pasillos. Me encantaba porque me recordaba que el cielo era real y que algún día iría allí.

Si deseas desplazarte de un lugar a otro en nuestro sistema solar, viaja a la velocidad de la luz, que es de aproximadamente un mil ochenta millones de kilómetros por hora. Llegar del sol al planeta Mercurio (una distancia de cincuenta y siete millones de kilómetros) tomaría 3.2 minutos a la velocidad de la luz. Un viaje del sol a la tierra (149.597.870.700 de metros) tomaría 8.5 minutos. Del sol a Neptuno (4.498.116.480 de kilómetros), 4.3 horas.

Podrías viajar más allá de todos esos lugares y aún así no llegar al cielo. Pero cuando Dios le dijo a Juan que fuera ahí y viera el cielo, la Biblia dice que «inmediatamente» él estaba allí (ver Apocalipsis 4:2). ¿Puedes imaginarlo? ¡Más rápido que la velocidad de la luz! En un abrir y cerrar de ojos, seremos cambiados. Dejaremos esta tierra y estaremos en la presencia del Señor en el reino celestial. La muerte será sorbida por la victoria.

Todas las cosas hechas nuevas

La vida en esta tierra es dura. Pero como creyentes, tenemos la esperanza de la eternidad guardada en nosotros. «Él les enjugará toda lágrima de los ojos. Ya no habrá muerte, ni llanto, ni lamento ni dolor, porque las primeras cosas han dejado de existir» (Apocalipsis 21:4).

El cielo es un lugar de vida.

Imagínate en este momento el lugar más hermoso en el que hayas estado. Tal vez sea un paraíso tropical con una playa cristalina, palmeras que se mecen, cálida luz del sol radiante en tu rostro. Quizás sea la escena majestuosa de una montaña, una cascada precipitándose sobre unas rocas irregulares. Tal vez sea el paisaje de un glorioso álamo temblón otoñal en una ladera iluminada por la brillante luz del amanecer.

Piensa en tus amigos y tu familia que amaron a Jesús y que se nos han adelantado al viaje. Corren hacia ti con los brazos abiertos. Imagínalos mientras caminan juntos en ese hermoso lugar. Te estás riendo. Estás jugando. Estás hablando. Estás recordando. Estás abrazando. Pero alguien viene. Es Jesús. Tiene una gran sonrisa en su rostro. Mírate caer de rodillas. Mientras te levanta y te abraza, dice con una sonrisa tan brillante como el sol: «Bienvenido a casa». Has entrado en la alegría del Señor. ¡Qué día tan glorioso!

En el cielo, las cosas viejas de la tierra pasaron. Todo es nuevo. Sientes el amor de Dios y su paz impregnando el lugar. Estás completa y totalmente en casa y profundamente satisfecho. Es el lugar que siempre has buscado en la tierra pero que nunca has encontrado. Y finalmente te das cuenta de que ese maravilloso lugar hizo que valiera la pena cada prueba, angustia y cada dolor que experimentaste en la tierra.

El cielo es un lugar de regocijo. Cientos de miles de ángeles, criaturas vivientes y ancianos se reúnen alrededor del trono de Dios y lo adoran.[3]

El cielo también es un lugar de reunión. Nuestros seres queridos en la tierra están separados por la muerte, separados por el dolor, separados por la tragedia; pero cuando todos lleguemos al cielo, será un día de alegría. A menudo me preguntan si nos conoceremos en el cielo. ¡La respuesta es sí! Pablo escribió que, en el cielo, toda la familia de Dios está allí.[4] También escribió: «Ahora vemos de manera indirecta y velada, como en un espejo; pero entonces veremos cara a cara. Ahora conozco de manera imperfecta, pero entonces conoceré tal y como soy conocido» (1 Corintios 13:12). Cuando Jesús estaba en el Monte de la Transfiguración con Pedro, Santiago y Juan, conocieron a Moisés y a

Elías, que aparecieron ante ellos. ¡Sí! Conoceremos a nuestros seres queridos que creyeron en Jesús y que nos han precedido.

Cuando Jesús estuvo en la tierra, María lo vio como su bebé en un pesebre en Belén. Juan el Bautista lo vio como candidato al bautismo. Los discípulos lo vieron como rabino y maestro. Roma lo vio como un agitador. Los ciudadanos lo vieron como un ladrón común. Y los líderes religiosos lo vieron como un borracho, un mentiroso y un hereje. Pero cuando lleguemos al cielo, veremos a Jesús tal como es y lo conoceremos.[5] Lo veremos como el Señor de la gloria. Lo veremos alto y sublime. Lo veremos como el Alfa y la Omega. Lo veremos como el Cordero de Dios, la luz del mundo, el León de la tribu de Judá, el más bello entre diez mil, la estrella esplendorosa de la mañana. Lo veremos como la esperanza del cielo y la derrota del infierno. Lo veremos como el gran Yo Soy, el gran médico, el gran pastor, mi roca, mi fortaleza, mi torre fuerte, Rey de reyes y Señor de señores. ¡Lo veremos cara a cara! ¡Deja que esto te anime!

He hablado mucho sobre lo que nos espera en el cielo. Ahora déjame decirte lo que no habrá allá.

No habrá funerarias. No habrá hospitales. No habrá tribunales de divorcio. No habrá tribunales de bancarrota. No habrá centros de rehabilitación. No habrá suicidio de adolescentes. No habrá pornografía. No habrá cáncer. No habrá violación. No habrá niños desaparecidos. No habrá problemas de drogas. No habrá pandillas. No habrá tiroteos. No habrá actos de terrorismo.

No habrá tensiones raciales ni divisiones étnicas en el cielo. No habrá prejuicios. No habrá injusticia. No habrá malentendidos. No habrá palabras duras. No habrá sentimientos heridos. No habrá argumentos. No habrá trastornos alimenticios. No habrá celos. No habrá ira. No habrá chismes. No habrá preocupación. No habrá depresión. No habrá abuso infantil. No habrá guerras. No habrá crisis emocionales. No habrá asesinatos. No habrá pruebas, ni traumas, ni tentaciones.

No habrá monitores cardíacos. No habrá sillas de ruedas. No habrá óxido. No habrá malos hábitos. No habrá puertas cerradas. No habrá pecado. No habrá accidentes. No habrá sufrimiento. No habrá separación. No habrá hambre. No habrá lágrimas, porque Él va a limpiar cada lágrima de nuestros ojos. No habrá lamento. No habrá enfermedad. No muerte. No habrá dolor.

La Biblia menciona que no habrá más mares.[6] Esto no significa que no habrá hermosas masas de agua. Aquí hay un significado más profundo para la palabra *mar*. Puede sonar como una afirmación extraña, pero en la antigüedad el mar representaba la separación y las tormentas. El mar separaba a las personas de las familias y se asociaba con un clima furioso. En otras palabras, en el cielo, no habrá más separación de nuestros seres queridos, y no veremos otra tormenta por toda la eternidad.

Estas son las gloriosas tierras de diamantes que nos esperan a todos los que creemos en Jesús. Lo viejo, lo roto, lo feo, el fracaso, el pecado se fueron. En el cielo, todas las cosas serán hechas nuevas. Tendremos nuevos nombres, nuevos cuerpos, nuevos hogares y nuevas naturalezas. Viviremos en una ciudad nueva, beberemos vino nuevo y cantaremos una canción nueva. ¡Todas las cosas son hechas nuevas!

Trabaja ahora por una recompensa eterna

Es por eso que debemos mantenernos «firmes e inconmovibles, progresando siempre en la obra del Señor, conscientes de que su trabajo en el Señor no es en vano» (1 Corintios 15:58). Pon el cielo en tu mente. Cree que Jesús regresará y su recompensa con Él. Lo que estamos haciendo en esta tierra no es en vano. Tus oraciones no son en vano. Tu ayuno no es en vano. Tu posición en la Palabra no es en vano. Las pruebas, problemas y dolores no son en vano.

Consuélate con lo que explica el apóstol Pablo:

> Pues nuestras dificultades actuales son pequeñas y no durarán mucho tiempo. Sin embargo, ¡nos producen una gloria que durará para siempre y que es de mucho más peso que las dificultades! Así que no miramos las dificultades que ahora vemos; en cambio, fijamos nuestra vista en cosas que no pueden verse. Pues las cosas que ahora podemos ver pronto se habrán ido, pero las cosas que no podemos ver permanecerán para siempre.
>
> 2 Corintios 4:17-18 NTV

Cuando tengas la mente en el cielo, verás tu situación en la tierra bajo una nueva perspectiva.

Debo decirte que «trabajes ahora». Ahora es el momento. Si tienes un alma que ganar, gánatela ahora. Si tienes una canción que cantar, cántala ahora. Si tienes una oración, recítala ahora. Si tienes una persona a quien alentar, aliéntala ahora. No vivas por placer. No vivas por cosas que satisfacen temporalmente. Vive para Jesús hoy. El tiempo es ahora.

El cielo no es un cuento de hadas. El cielo es un lugar real lleno de maravillas, más de lo que podemos comenzar a imaginar. Si tratas de pensar en el lugar más grande, lleno de alegría y placentero, no se acercará a lo que realmente es el cielo. Dios te ama. Él preparó el cielo para ti y quiere que pases la eternidad ahí. Tal vez no se te recompense mucho aquí en la tierra, pero te aseguro que se acerca un día de recompensa en el cielo.

Jesús dijo: «Alégrense y llénense de júbilo, porque les espera una gran recompensa en el cielo. Así también persiguieron a los profetas que los precedieron a ustedes» (Mateo 5:12). Puede que no te sientas apreciado ni valorado en la tierra. No te preocupes por eso. Tu recompensa no está aquí. Tu recompensa está en el cielo. «¡Miren que vengo pronto! Traigo conmigo mi recompensa, y le pagaré a cada uno según lo que haya hecho» (Apocalipsis 22:12).

¿Qué tipo de recompensa obtendrás en el cielo? La Biblia nos da una vislumbre:

> Alegrémonos y llenémonos de gozo y démosle honor a él, porque el tiempo ha llegado para la boda del Cordero, y su novia se ha preparado. A ella se le ha concedido vestirse del lino blanco y puro de la más alta calidad. Pues el lino de la más alta calidad representa las buenas acciones del pueblo santo de Dios.
>
> Apocalipsis 19:7-8 NTV

Tu atuendo será elaborado en base a tus actos rectos, lo que haces en la tierra, cómo vives para Jesús ahora. Algunos de ustedes tendrán un hermoso vestido en la cena de bodas y otros tendrán suficiente como para más calcetines. Tu servicio a Dios aquí determinará su calidad de recompensa allí.

Es fácil olvidar por qué te salvó Dios, qué te ha llamado a hacer y cómo se supone que debes vivir. Así que aquí hay una nota del cielo para ayudarte a vivir hoy, mientras piensas en la eternidad:

> No finjan amar a los demás; ámenlos de verdad. Aborrezcan lo malo. Aférrense a lo bueno. Ámense unos a otros con un afecto genuino y deléitense al honrarse mutuamente. No sean nunca perezosos, más bien trabajen con esmero y sirvan al Señor con entusiasmo. Alégrense por la esperanza segura que tenemos. Tengan paciencia en las dificultades y sigan orando. Estén listos para ayudar a los hijos de Dios cuando pasen necesidad. Estén siempre dispuestos a brindar hospitalidad.

Bendigan a quienes los persiguen. No los maldigan, sino pídanle a Dios en oración que los bendiga. Alégrense con los que están alegres y lloren con los que lloran. Vivan en armonía unos con otros. No sean tan orgullosos como para no disfrutar de la compañía de la gente común. ¡Y no piensen que lo saben todo!

Nunca devuelvan a nadie mal por mal. Compórtense de tal manera que todo el mundo vea que ustedes son personas honradas. Hagan todo lo posible por vivir en paz con todos.

Queridos amigos, nunca tomen venganza. Dejen que se encargue la justa ira de Dios. Pues dicen las Escrituras:

«Yo tomaré venganza; yo les pagaré lo que se merecen», dice el Señor.

En cambio, «Si tus enemigos tienen hambre, dales de comer. Si tienen sed, dales de beber. Al hacer eso, amontonarás carbones encendidos de vergüenza sobre su cabeza». No dejen que el mal los venza, más bien venzan el mal haciendo el bien.

Romanos 12:9-21 NTV

Si no estás seguro de si vivirás por la eternidad en el cielo, te daré la oportunidad de orar. No llegas al cielo por accidente. Solo llegas con cita previa. Asegura tu cita. Elige hoy a quién servirás.

Si no tienes paz con Dios, si no estás viviendo bien y quieres entregar tu vida a Jesús, te invito a repetir esta oración en voz alta:

En tu poderoso nombre, Jesús, creo que moriste en el Calvario y derramaste tu sangre para que yo pudiera ser perdonado. Hoy, ahora mismo, te recibo como mi Señor y Salvador. Yo, por fe, rechazo lo que es malo, y recibo tu voluntad para mi vida. Gracias, Jesús, por tu preciosa sangre que me limpia. Soy perdonado y mi nombre está escrito en el libro de la vida. Pasaré la eternidad en el cielo, en el poderoso nombre de Jesús. Amén.

Si acabas de decir esta oración, ¡bienvenido a la familia de Dios! A partir de hoy, humíllate, toma tu cruz y sigue a Jesús hasta que Él te llame a tu hogar eterno en el cielo.

Necesitamos permanecer en la promesa del cielo. Si estás enfrentando un mal día, haz lo que Jesús le dijo a Juan: ven aquí. Estás invitado. Eres bienvenido a este lugar.

Si estás pasando por algo sombrío en la tierra, ven aquí y verás una perspectiva completamente nueva.

Algún día estarás verdaderamente en casa para siempre, porque el cielo —la verdadera tierra de diamantes— es real y te espera.

Ya sea que las cosas vayan bien o se desmoronen, ven aquí y echa un vistazo a lo que Dios te tiene reservado.

Algún día estarás verdaderamente en casa para siempre, porque el cielo —la verdadera tierra de diamantes— es real y te espera.

Dondequiera que estés en este preciso momento, Dios está esperando para abrir tus ojos a las cosas maravillosas que tiene para ti. Todo lo que tienes que hacer es pedirle y confiar en Él. Recuerda, las tierras de diamantes se descubren en lugares inusuales. Por lo general, donde estás ahora. Si miras de cerca con ojos espirituales, encontrarás mucho potencial oculto y oportunidades sin explotar en el campo que está justo debajo de tus pies.

Así que quédate en el lugar donde estás ahora. No te preocupes por lo que traerá el mañana y deja de vivir lamentando lo que hiciste o no hiciste ayer. Tu alegría, tu propósito, tu paz y tu esperanza están aquí, ahora. Si el pasto del otro lado se ve más verde que ese en el que estás parado, fertiliza el tuyo. Comienza a cavar en tu propio patio trasero y observa cómo Dios despliega diamantes en lo que puedes pensar que es un valle de huesos secos.

Ahora es el momento de apoderarte de tu tierra de diamantes. Él está esperando que lances tu cubo y saques agua refrescante para tu alma. Él está esperando calmar tu sed y recargar tu espíritu. Está esperando que encuentres vida, crecimiento, fuerza y paz. Él está aquí, ahora.

¿Qué estás esperando?

Apéndice

Tierra de diamantes

Por Russell H. Conwell[1]

E sta conferencia se ha impartido en estas circunstancias: visito un pueblo o ciudad y trato de llegar lo suficientemente temprano para ver al administrador de correos, al barbero, al encargado del hotel, al director de las escuelas y a los ministros de algunas de las iglesias, luego voy a algunas de las fábricas y tiendas para hablar con la gente e identificarme con las condiciones locales de ese pueblo o ciudad con el fin de ver cuál ha sido su historia, qué oportunidades tuvieron y qué no pudieron hacer. Y, en todos los lugares, veo que cada ciudad falló en hacer algo. Luego voy a la conferencia y hablo con esas personas sobre los temas que se aplican a su localidad. «Tierra de diamantes» —la idea— ha sido continuamente la misma. La idea es que en este país nuestro cada hombre tenga la oportunidad de hacer más por sí mismo que en su propio entorno, con su propia habilidad, con su propia energía y con sus propios amigos.

Russell H. Conwell

Cuando estuve por los ríos Tigris y Éufrates, hace muchos años, en compañía de un grupo de viajeros ingleses, me encontré bajo la dirección de un viejo guía árabe que contratamos en Bagdad [*sic*], y muchas veces pensé en cómo ese guía se parecía a nuestros barberos en cuanto a ciertas características mentales. Pensaba que su deber no solo era guiarnos por aquellos ríos y hacer lo pertinente a lo que le pagaban, sino también entretenernos con historias curiosas y misteriosas, antiguas y modernas, extrañas y familiares. Olvidé muchas de ellas, y me alegro de ello, pero hay una que nunca olvidaré.

El viejo guía guiaba a mi camello por su cabestro a lo largo de las orillas de esos antiguos ríos, mientras contaba una historia tras otra, hasta que me cansé de sus narraciones y dejé de escucharlo. Nunca me había irritado aquel guía, pero perdió los estribos cuando dejé de escucharlo. Recuerdo que se quitó su gorra turca y la hizo girar en círculo para llamar mi atención. Podía verlo por el rabillo del ojo, pero decidí no mirarlo directamente por temor a que contara otra historia. Sin embargo, aunque no soy mujer, finalmente miré y, tan pronto como lo hice, estaba inmiscuido en otra historia.

Él dijo: «Te contaré una historia que reservo para mis amigos en particular». Cuando enfatizó las palabras «amigos en particular», escuché... y me alegré de haberlo hecho. Realmente me siento fervientemente agradecido, porque hay mil seiscientos setenta y cuatro hombres jóvenes que han sido llevados a la universidad por esta conferencia y también están contentos porque escuché. El viejo guía me dijo que cierta vez vivía, no muy lejos del río Indo, un antiguo persa llamado Alí Hafed. Dijo que este era dueño de una granja muy grande, que tenía huertos, campos de cereales y jardines; que tenía dinero ganando intereses y que era un hombre rico y contento. Contento porque era rico y rico porque estaba contento. Un día visitó al viejo granjero persa uno de esos antiguos sacerdotes budistas, uno de los sabios de Oriente. Se sentó junto al fuego y le contó al viejo granjero cómo se hizo este mundo. Dijo que alguna vez fue un simple banco de niebla y que el Todopoderoso metió su dedo en ese banco de niebla y comenzó a moverlo lentamente, aumentando la velocidad hasta que al fin hizo girar ese banco de niebla en una bola sólida de fuego. Luego fue rodando por el universo, abriéndose camino a través de otros bancos de niebla, y condensó la humedad, hasta que cayeron torrentes aguaceros sobre la superficie caliente y enfriaron la corteza exterior. Luego, los fuegos internos que estallaron a través de la corteza arrojaron las montañas y las colinas, los valles, las llanuras y las praderas de este maravilloso mundo nuestro. Esa masa fundida en el interior estalló y se enfrió muy rápidamente, convirtiéndose en granito; luego cobre, plata, oro y, después del oro, se hicieron los diamantes.

El viejo sacerdote dijo: «Un diamante es una gota de sol congelada». Ahora, eso es literal y científicamente cierto, un diamante es un depósito real de carbono del sol. El viejo sacerdote le dijo a Alí Hafed que, si tuviera un diamante del tamaño de su pulgar, podría comprar el condado, y si tuviera una mina de diamantes, podría colocar a sus hijos en tronos a través de la influencia de su gran riqueza.

Alí Hafed escuchó todo sobre los diamantes, cuánto valían, y esa noche fue a su cama sintiéndose un pobre hombre. No había perdido nada, pero era pobre porque estaba descontento y estaba descontento porque temía ser pobre. Así que dijo: «Quiero una mina de diamantes», y permaneció despierto toda la noche.

En la mañana, temprano, buscó al sacerdote. Sé por experiencia que un sacerdote se enoja mucho cuando se le despierta muy de mañana, pero cuando sacó al viejo sacerdote de sus sueños, Alí Hafed le dijo:

—¿Me dirás dónde puedo encontrar diamantes?

—¡Diamantes! ¿Qué quieres con los diamantes?

—Deseo ser inmensamente rico.

—Bueno, entonces, ve y encuéntralos. Eso es todo lo que tienes que hacer; ve y encuéntralos, luego los tendrás.

—Pero no sé a dónde ir.

—Bueno, si encuentras un río que atraviese arenas blancas, entre las altas montañas, en esas arenas blancas siempre encontrarás diamantes.

—No creo que haya tal río.

—Oh sí, hay muchos de ellos. Todo lo que tienes que hacer es buscarlos y los tendrás.

Alí Hafed dijo:

—Iré.

Así que vendió su granja, reunió el dinero, dejó a su familia a cargo de un vecino y se fue en busca de diamantes. Comenzó su búsqueda —muy correctamente en mi opinión— en las Montañas de la Luna. Luego llegó a Palestina, después se adentró en Europa y finalmente, cuando había gastado todo su dinero, estaba en harapos, en miseria y pobreza, se detuvo a orillas de una bahía en Barcelona, España, cuando una enorme marea llegó rodando entre los pilares de Hércules; y el pobre, afligido, sufriente y agonizante hombre no pudo resistir la terrible tentación de arrojarse a la marea, por lo que se hundió bajo la cresta espumosa, para nunca volver a levantarse en esta vida.

Cuando aquel viejo guía me contó esa historia terriblemente triste, detuvo el camello en el que viajaba y se dirigió a arreglar el equipaje que se le estaba cayendo a otro camello. Al no estar él allí, tuve la oportunidad de reflexionar en su historia. Recuerdo haberme dicho: «¿Por qué reservó esa historia para sus "amigos en particular"?». Parecía no haber principio, ni mitad, ni final, ni nada. Esa fue la primera historia que me contaron en mi vida y sería la primera que leí, en la que el héroe fue asesinado en el primer capítulo. Tenía solo un capítulo de esa historia y el héroe estaba muerto.

Cuando el guía regresó y agarró el cabestro de mi camello, continuó con la historia, en el segundo capítulo, como si no hubiera hecho pausa. Un día, el hombre que compró la granja de Alí Hafed llevaba su camello a beber agua en un manantial de su terreno. Cuando el camello metió la nariz en las aguas poco profundas del arroyo, el sucesor de Alí Hafed notó un destello de luz en las blancas arenas de la corriente. Sacó una piedra negra con un ojo de luz que reflejaba todos los tonos del arcoíris. Llevó la piedra a la casa y la puso sobre la repisa que cubría la chimenea y se olvidó de ella por completo.

Pocos días después, el mismo viejo sacerdote llegó a visitar al sucesor de Alí Hafed, y en el momento en que abrió la puerta del salón, vio el destello de luz en la repisa de la chimenea, se apresuró hacia él y gritó: «¡Aquí hay un diamante! ¿Ya volvió Alí Hafed?».

«Oh no, Alí Hafed no ha regresado, y eso no es un diamante. Eso no es más que una piedra que encontramos aquí en nuestro propio jardín».

«Pero», dijo el sacerdote, «te digo que conozco un diamante cuando lo veo. Sé positivamente que es un diamante».

Luego, salieron corriendo al viejo jardín y removieron las blancas arenas con sus dedos, ¡y he aquí! surgieron otras gemas más hermosas y valiosas que la primera. «Así», me dijo el guía y, amigos, esto es históricamente cierto, «se descubrió la mina de diamantes de Golconda, la más magnífica en toda la historia de la humanidad, superando a la propia Kimberley. El Kohinoor y el Orloff de las joyas de la corona de Inglaterra y Rusia, el más grande en la tierra, vinieron de esa mina».

Cuando aquel viejo guía árabe me contó el segundo capítulo de su historia, se quitó la gorra turca y la volvió a agitar en el aire con el fin de llamar mi atención a la moraleja. Las historias de esos guías árabes siempre tienen moralejas, aunque no siempre son morales. Mientras agitaba el sombrero, me dijo: «Si Alí Hafed hubiera permanecido en casa y excavado en su propio suelo, o debajo de sus propios campos de trigo, o en su jardín; en vez de la miseria, el hambre y la muerte por suicidio que consiguió en un lejano paraje, habría tenido una "tierra de diamantes". Por cada hectárea de esa vieja granja, sí, por cada pala que se extraía, salían joyas que desde entonces han decorado las coronas de los monarcas».

Cuando agregó la moraleja a su historia, vi por qué la había reservado para «sus amigos en particular». Pero no le dije que podía ver eso. Era la forma mala del viejo árabe de darle la vuelta a un tema —como lo hacen los abogados— para decir indirectamente lo que no se atrevía a contar directamente, que «en su opinión privada había cierto joven que viajaba por el río Tigris que podría estar mejor en un hogar de los Estados Unidos». No le dije que podía ver eso, pero le dije que su historia me recordaba otra, y se la conté rápidamente, y creo que te la contaré.

Le hablé acerca de un hombre de California, en 1847, que era dueño de una hacienda. Este escuchó que habían descubierto oro en el sur de California y por eso, apasionado por el oro, le vendió su hacienda al coronel Sutter y se fue para no volver nunca. El coronel Sutter colocó un molino en un arroyo que atravesaba su propiedad y, un día, su pequeña hija agarró un poco de arena húmeda de camino a la casa, la tamizó entre los dedos frente al fuego y, en esa arena que caía, una persona que estaba de visita vio los primeros hollejos brillantes de oro real que se descubrieron en California. El hombre que había sido dueño de esa hacienda quería oro y podría haberlo asegurado con el solo hecho de agarrarlo. De hecho, treinta y ocho millones de dólares se han sacado de unas pocas hectáreas desde entonces. Hace unos ocho años di esta conferencia en una ciudad que se encuentra en esa granja, y me dijeron que un tercio de los propietarios, durante años y años, habían estado obteniendo ciento veinte dólares en oro cada quince minutos, dormidos o despiertos, sin impuestos. Tú y yo disfrutaríamos de un ingreso como ese si no tuviéramos que pagar un impuesto sobre la renta.

Pero una mejor ilustración acerca de eso realmente ocurrió aquí en nuestra propia Pensilvania. Si hay algo que disfruto con otro en la plataforma, es conseguir uno de esos públicos germanos de Pensilvania delante de mí, para confrontarlos, y lo disfruté esa noche. Había un hombre que vivía en Pensilvania, no muy diferente de algunos residentes de Pensilvania que has visto, que era dueño de una granja, e hizo con ella lo que debería hacer yo si tuviera una en Pensilvania: la vendió. Pero antes de venderla, decidió conseguir empleo recolectando aceite de carbón para su primo, que estaba en el negocio en Canadá, donde descubrieron petróleo en ese continente. Lo sacaron de las corrientes que corrían en ese momento temprano. Entonces este granjero de Pensilvania le escribió a su primo pidiéndole empleo. Verán, amigos, ese granjero no era tonto del todo. No, no lo era. No dejó su granja hasta que tuvo algo más que hacer. *De todos los tontos que se destacan entre las estrellas, no conozco uno peor que el hombre que deja un trabajo antes de conseguir otro.* Eso hace una referencia especial a mi profesión, y no a un hombre que busca el divorcio. Cuando le escribió a su primo para un empleo, este le respondió: «No puedo comprometerme porque no sabes nada sobre el negocio del petróleo».

Bueno, entonces el viejo granjero dijo: «Lo sabré», y con el celo más encomiable (característico de los estudiantes de la Universidad de Temple) se dedicó al estudio de todo el tema. Comenzó en el segundo día de la creación de Dios, cuando este mundo estaba cubierto densa y profundamente con esa rica vegetación que desde entonces se ha convertido en los primitivos lechos de carbón. Estudió el tema hasta que descubrió que los desagües de esos ricos lechos de carbón proporcionaban el aceite que valía la pena bombear, y luego descubrió cómo surgió con los manantiales vivos. Estudió hasta que supo cómo se veía, olía, sabía y cómo refinarlo. Luego le dijo a su primo en otra carta: «Ya entiendo el negocio del petróleo».

Su primo le respondió: «Muy bien, vamos».

Entonces vendió su granja, según el registro del condado, por ochocientos treinta y tres dólares (redondos, «sin centavos»). Apenas se fue de ese lugar, el hombre que lo compró salió para organizar el riego del ganado. Y se dio cuenta de que el dueño anterior había salido años antes y colocó una tabla a través del arroyo detrás del granero, en el borde de la superficie del agua a solo unos centímetros. El propósito de ese tablón en aquel ángulo agudo a través del arroyo era arrojar a la otra orilla una escoria de aspecto terrible en la cual el gato no metería su nariz. Pero con ese tablón allí para arrojarlo todo a un lado, el ganado bebería abajo, y así el hombre que se fue a Canadá había estado represando durante veintitrés años una inundación de aceite de carbón que los geólogos estatales de Pensilvania nos declararon diez años después que valía incluso cien millones de dólares para nuestro estado, y hace cuatro años nuestro geólogo declaró que el descubrimiento valía mil millones de dólares. El hombre que poseía el territorio en el que ahora se encuentra la ciudad de Titusville y los valles de Pleasantville había estudiado el tema desde el segundo día de la creación de Dios hasta el presente. Lo estudió hasta que lo supo todo y, sin embargo, se dice que lo vendió todo por ochocientos treinta y tres dólares y, nuevamente digo, «eso no tiene sentido».

Sin embargo, necesito otra ilustración. La encontré en Massachusetts, y lamento haberlo hecho porque ese es el estado del que vengo. Ese joven de Massachusetts proporciona solo otra fase de mi pensamiento. Fue al Yale College, estudió minería, y se convirtió en un ingeniero de minas tan hábil que las autoridades de la universidad lo emplearon para capacitar a los estudiantes que estaban atrasados en sus clases. Durante su último año ganó quince dólares a la semana por hacer ese trabajo. Cuando se graduó, aumentaron su salario de quince a cuarenta y cinco dólares semanales y le ofrecieron una cátedra, y tan pronto como lo hicieron, se fue directamente a casa con su madre. *Si hubieran aumentado el salario de ese chico de quince a quince dólares y sesenta centavos él se habría quedado y estaría orgulloso del lugar, pero cuando le dieron cuarenta y cinco de un salto, dijo: «Madre, no trabajaré por cuarenta y cinco dólares a la semana. ¡Imagínate un hombre, con un cerebro como el mío, trabajando por cuarenta y cinco dólares por semana!* Vayámonos a California y aventurémonos con las minas de oro y plata y seamos inmensamente ricos».

Su madre le dijo: «Ah, Charlie, es tan bueno ser feliz como ser rico».

«Sí», dijo Charlie, «pero también es bueno ser rico y feliz». Y ambos tenían razón al respecto. Como era hijo único y ella viuda, por supuesto que se salieron con la suya. Siempre lo hacían.

Se agotaron en Massachusetts y, en lugar de ir a California, fueron a Wisconsin, donde lo contrató la empresa Superior Copper Mining Company por quince dólares a la semana nuevamente, pero con la condición en su contrato de que debería tener alguna ganancia en cualquier mina que descubriera para la empresa. No creo que haya descubierto una y al ver a los accionistas de esa compañía de cobre, desearía que hubiera descubierto algo. Tengo amigos que no están aquí porque no podían pagar un boleto, que tenían acciones en esa compañía en el momento en que este joven estaba empleado allí. El joven salió y no he sabido nada de él. No sé qué fue de él, y no sé si encontró minas o no, pero no creo que lo haya hecho.

Pero sí sé la otra versión. Apenas había salido de la vieja granja antes de que el dueño nuevo saliera a sacar papas. Las papas ya estaban creciendo en el suelo cuando compró la granja, y cuando el viejo granjero traía una canasta de papas, se abrazó muy fuerte a los extremos de la cerca de piedra. En Massachusetts, casi todas nuestras granjas tienen muros de piedra. Allí es obligado ser austeros con las puertas de entrada para tener un lugar donde colocar las piedras. Como la canasta estaba muy pesada, la dejó en el suelo y luego la arrastró hacia un lado y tiró del otro lado, y mientras la arrastraba, el granjero notó en la esquina superior y exterior de la piedra un bloque de plata nativa de veinte centímetros cuadrados. El profesor de minas, minería y mineralogía que sabía tanto sobre el tema que no trabajaría por cuarenta y cinco dólares a la semana, cuando vendió esa granja en Massachusetts, se sentó justo encima de esa plata para hacer el trato. Él nació en ese lugar, fue criado allí y mientras caminaba por el lugar frotaba las piedras con su manga hasta que veía su rostro reflejándose en ellas, y parecía decir: «Aquí hay cien mil dólares justo aquí para agarrarlos». Pero él no haría eso. Estaba en una casa en Newburyport, Massachusetts, y no había plata allí, lejos, bueno, no sé dónde, y él no, pero en otro lugar, y era profesor de mineralogía.

Amigos míos, ese error se comete en todas partes, por qué deberíamos sonreírle. A menudo me pregunto qué ha sido de él. No sé nada, pero le diré lo que «adivino» como yanqui. Supongo que esta noche está sentado junto a su chimenea con sus amigos reunidos a su alrededor, y les está diciendo algo como esto: «¿Conocen al hombre llamado Conwell que vive en Filadelfia?».

«Oh sí, he oído hablar de él».

«¿Conoces al hombre Jones que vive en Filadelfia?».

«Sí, también he oído hablar de él».

Luego se echa a reír, se sacude y les dice a sus amigos: «Bueno, ellos hicieron exactamente lo mismo que yo, precisamente», y eso arruina todo el chiste, porque tú y yo hicimos lo mismo que él. Y mientras nos sentamos aquí y nos reímos de él, él tiene más derecho a sentarse allí y reírse de nosotros. Sé que he cometido los mismos errores pero, por supuesto, eso no hace ninguna diferencia, porque no esperamos que el mismo hombre predique y practique, también.

Al venir aquí esta noche y mirar alrededor de esta audiencia, veo nuevamente lo que he notado continuamente durante estos cincuenta años: hombres que están cometiendo precisamente ese mismo error. A menudo desearía poder ver a las personas más jóvenes, y que la academia se hubiera llenado esta noche con nuestros estudiantes de secundaria y nuestros estudiantes de escuela primaria, para poder hablar con ellos. Si bien hubiera preferido una audiencia como esa, porque son más susceptibles, ya que no han crecido en sus prejuicios como nosotros, no se han habituado a ninguna costumbre que no puedan romper, no han encontrado ningún fracaso como lo hemos hecho, y aunque tal vez podría hacer una audiencia tan buena como esa para las personas adultas, haré lo mejor que pueda con el material que tengo. Te digo que tienes una «tierra de diamantes» en Filadelfia, ahí donde vives ahora.

«Ah», pero dirás, «no puedes saber mucho sobre tu ciudad si crees que hay "tierras de diamantes" aquí».

Estaba muy interesado en el relato del periódico acerca del joven que encontró ese diamante en Carolina del Norte. Fue uno de los diamantes más puros jamás descubiertos, y tiene varios predecesores cerca de la misma localidad. Fui a un distinguido profesor de mineralogía y le pregunté de dónde creía que provenían esos diamantes. El profesor vio el mapa de las formaciones geológicas de nuestro continente y lo rastreó. Dijo que atravesó los estratos carboníferos subyacentes adaptados para tal producción, hacia el oeste a través de Ohio y Mississippi, o con mayor probabilidad llegó hacia el este a través de Virginia y hasta la costa del Océano Atlántico. Es un hecho que los diamantes estaban allí, porque han sido descubiertos y vendidos; y que fueron llevados allí durante el período de acumulación, desde alguna localidad del norte. Ahora, ¿quién puede decir que una persona que vaya con su taladro en Filadelfia encontrará algún rastro de una mina de diamantes aquí abajo? ¡Oh amigos!, no puede decir que no está en una de las minas de diamantes más grandes del mundo, ya que un diamante como ese solo proviene de las minas más rentables que hay en la tierra.

Pero eso sirve simplemente para ilustrar mi pensamiento, lo cual enfatizo al decir que si no tiene las minas reales de diamantes, tiene todo lo que sería bueno para ti. Debido a que ahora que la Reina de Inglaterra ha dado el mayor cumplido conferido a una mujer estadounidense por su atuendo porque no apareció con ninguna joya en la recepción tardía en Inglaterra, casi ha eliminado el uso de diamantes. Lo único que te interesaría sería lo poco que usarías si deseas ser modesto, y el resto lo venderías por dinero...

Pero déjame pasar a otro pensamiento más importante. «Muéstrame los grandes hombres y mujeres que viven en Filadelfia». Un caballero de allí se levantará y dirá: «No tenemos grandes hombres en Filadelfia. No viven aquí. Viven en Roma o San Petersburgo o Londres o Manayunk, o en cualquier otro lugar que no sea aquí en nuestra ciudad». He llegado ahora al tope de mi pensamiento. He llegado al corazón de todo el asunto y al centro de mi lucha: ¿por qué Filadelfia no es una ciudad más grande en su mayor riqueza? ¿Por qué Nueva York supera a Filadelfia? La gente dice: «Por su puerto». ¿Por qué muchas otras ciudades de los Estados Unidos superan a Filadelfia ahora? Solo hay una respuesta, y eso se debe a que nuestra propia gente habla por su propia ciudad. Si alguna vez hubo una comunidad en la tierra que tuvo que ser forzada, es la ciudad de Filadelfia. Si vamos a tener un bulevar, háblalo; si vamos a tener mejores escuelas, habla; si desea tener una sabia legislación, habla; discute las mejoras propuestas. Ese es el único gran error que puedo poner a los pies de la magnífica Filadelfia que ha sido tan universalmente amable conmigo. Digo que es hora de que demos la vuelta en nuestra ciudad y comencemos a hablar sobre las cosas que están en ella, y comencemos a presentarlas ante el mundo como lo hacen las personas de Chicago, Nueva York, San Luis y San Francisco. ¡Oh, si pudiéramos sacar ese espíritu entre nuestra gente, que podemos hacer cosas en Filadelfia y hacerlas bien!

Levántense, millones de habitantes de Filadelfia, confíen en Dios y en el hombre, y crean en las grandes oportunidades que están aquí, no en Nueva York o Boston, sino aquí, por negocios, por todo lo que vale la pena vivir en la tierra. Nunca hubo una oportunidad mayor. Hablemos de nuestra propia ciudad...

Ah, aprendí la lección que nunca olvidaré mientras la lengüeta de la campana del tiempo siga balanceándose para mí. La grandeza no consiste en la celebración de algún cargo futuro, sino en hacer grandes obras con pocos medios y la realización de grandes propósitos de las filas privadas de la vida. Para ser grandioso, uno debe ser grandioso aquí, ahora, en Filadelfia. El que puede dar a esta ciudad mejores calles y mejores aceras, mejores escuelas y más universidades, más felicidad y más civilización, más de Dios, será grandioso en cualquier lugar. Deja que cada hombre o mujer aquí, si nunca me vuelve a escuchar, recuerde esto, que si desea ser grandioso, debe comenzar donde está y lo que es, en Filadelfia, ahora. El que puede dar a su ciudad cualquier bendición, el que puede ser un buen ciudadano mientras vive aquí, el que puede hacer mejores hogares, el que puede ser una bendición si trabaja en la tienda o se sienta detrás del mostrador o mantiene sea cual sea su vida, el que sería grandioso en cualquier lugar debe ser grandioso en su propia Filadelfia.

Notas

Introducción

1. A. Cheree Carlson, «Narrative as the Philosopher's Stone: How Russell H. Conwell Changed Lead into Diamonds», *Western Journal of Speech Communication* 53 (otoño 1989): 342-355.
2. Incluí el texto del discurso de Conwell en el apéndice.
3. Génesis 13:8-9.
4. Génesis 13:16-17.
5. Génesis 15:5.
6. Lucas 23:42-43.

Capítulo 1 ¿Por qué no ahora?

1. Randy Alfred, «Nov. 18, 1993: Railroad Time Goes Coast to Coast», *Wired*, 18 de noviembre de 2010, https://www.wired.com/2010/11/1118railroad-time-zones/.
2. Fran Capo, *It Happened in New Jersey* (Guilford, Conn.: Globe Pequot Press, 2004), 69.
3. «Paxson Opts Out of TV Deal», *Variety*, 3 de abril de 1997, https://variety.com/1997/scene/vpage/paxson-opts-out-of-tv-deal-1117435009/.
4. Juan 2:4-5.
5. Hebreos 13:8.
6. Juan 11:21-26.
7. Deuteronomio 33:25.
8. Eclesiastés 9:4.

Capítulo 2 Cómo nacen los diamantes

1. Éxodo 33:11.
2. Esta historia se ha contado en numerosas versiones por más de cien años. La más notable puede que sea la de Abigail Van Buren (Dear Abby) en su columna. Abigail Van Buren, «Modern Parable Teaches Lesson about Gratitude», Dear Abby (columna sindicalizada), 12 de julio de 1996, https://www.uexpress.com/dearabby/1996/7/12/modern-parable-teaches-lesson-about-gratitude.

3. Job 23:8-9.
4. Job 19:25.
5. Génesis 50:19-20.
6. Romanos 8:28.
7. Josué 1:8.

Capítulo 3 El mandamiento «Quédate ahí»

1. «The History of Tabasco Brand», McIlhenny Company, accedido el 25 de junio de 2019, https://www.tabasco.com/tabasco-history/.
2. «What You Never Knew about Tabasco Sauce» (video), *Smithsonian Magazine*, accedido el 25 de junio de 2019, https://www.smithsonianmag.com/videos/category/arts-culture/what-you-never-knew-about-tabasco-sauce/.
3. Génesis 12:10.
4. Números 21:4-5.
5. Números 21:17-18.
6. Nick Paumgarten, «The $40-Million Elbow», *The New Yorker*, 15 de octubre de 2006, https://www.newyorker.com/magazine/2006/10/23/the-40-million-elbow.
7. Hallie Detrick, «A Picasso Painting Owned by Steve Wynn Was Damaged—Again», *Fortune*, 14 de mayo de 2018, http://fortune.com/2018/05/14/steve-wynn-picasso-painting/.
8. Eyder Peralta, «Years after the Elbow Incident, Steve Wynn Sells Picasso's "Le Rêve" for $155 Million» *The Two-Way* (blog), 26 de marzo de 2013, https://www.npr.org/sections/the-two-way/2013/03/26/175412881/years-after-the-elbow-incident-steve-wynn-sells-picassos-le-r-ve-for-155-milion.
9. Joel 2:25.
10. Amy Ellis Nutt, «Suicide Rates Rise Sharply across the United States, New Report Shows», *Washington Post*, 7 de junio de 2018, https://www.washingtonpost.com/news/to-your-health/wp/2018/06/07/u-s-suicide-rates-rise-sharply-across-the-country-new-report-shows/?utm_term=.68d0f2dbe9fa.

Capítulo 4 Abre mis ojos

1. 2 Reyes 6:14-16.
2. Marina Chapman, *The Girl with No Name: The Incredible Story of a Child Raised by Monkeys* (Nueva York: Pegasus Books, 2013), edición de Kindle, Capítulo 8.
3. Deuteronomio 28:13.
4. Isaías 62:3.
5. Salmos 139:14.
6. 2 Corintios 5:17.
7. Génesis 15:5.
8. Jueces 7:9-11.
9. Jueces 7:13-14.
10. Jim Flick y Jack Nicklaus, «Jim Flick and Jack Nicklaus: Go to the Movies», *Golf Digest*, el 27 de abril de 2010, https://www.golfdigest.com/story/flick-nicklaus-film.
11. George Sylvester Viereck, «What Life Means to Einstein», *Saturday Evening Post*, el 26 de octubre de 1929, http://www.saturdayeveningpost.com/wp-content/uploads/satevepost/what_life_means_to_einstein.pdf.

Capítulo 5 Infierno en el pasadizo

1. Salmos 24:7-8.
2. Juan 10:10.
3. Josué 5:15.
4. «Jabez», *Bible Study Tools*, accedido el 11 de junio de 2019, https://www.behindthe-name.com/name/jabez
5. 1 Crónicas 4:10.
6. 2 Crónicas 20:21.
7. Gerald Horton Bath, «Long Walk». En *My Christmas Treasury*, ed. por Norman Vincent Peale, 146-147. San Francisco: HarperSanFrancisco, 1991.

Capítulo 6 Deja que te eleve

1. Mateo 3:10.
2. Gálatas 5:22-23.
3. Salmos 92:12-15.

Capítulo 7 Lanza el cubo

1. Booker T. Washington, «Cast Down Your Bucket Where You Are» (un discurso presentado en el evento «Cotton States and International Exposition», Atlanta, GA, el 18 de septiembre de 1895), http://historymatters.gmu.edu/d/88/.
2. «Report "Anchoring Mistake" to Blame for Fatal Boating Accident», *Peoria Journal Star*, 28 de marzo de 2009, https://www.pjstar.com/article/20090328/NEWS/303289890.
3. Max Lucado, *Seis horas de un viernes* (Nashville: Editorial Vida, 2004), 2.
4. Hechos 27:29.
5. Hechos 27:24.
6. Salmos 133:1-2.
7. Salmos 84:11 NTV.

Capítulo 8 Enfócate en lo positivo

1. Números 13:20 RVR1960.
2. Números 14:37.
3. Números 13:28.
4. Números 14:1.
5. Números 14:37.
6. Números 14:20-23.
7. Números 14:24.
8. 1 Corintios 2:9.
9. Hebreos 6:10.

Capítulo 9 Toma este trabajo y disfrútalo

1. Génesis 2:15.
2. Daniel 6:3 RVA2015.
3. Zacarías 4:10.

Capítulo 10 Cómo ser un héroe

1. Josué 2:12-13.
2. Proverbios 28:20.
3. World Triathlon Corporation, «Video: A Tribute to Team Hoyt», 5 de junio de 2018, http://www.ironman.com/media-library/videos/2018/40th-videos/team-hoyt.aspx#axzz5u2qsoLbJ.

Capítulo 11 Si estás en el partido, puedes ganar

1. Éxodo 13:17-18.
2. Ezequiel 37:1.
3. Josué 24:15.
4. «Y me dijo Jehová: Bien has visto; porque yo apresuro mi palabra para ponerla por obra» (Jeremías 1:12).
5. Daniel 9:1-4.

Capítulo 12 El cielo, la verdadera tierra de diamantes

1. C. S. Lewis, *Mero Cristianismo* (Nueva York: HarperOne, 2006), 134.
2. Apocalipsis 4:1.
3. Apocalipsis 5:11.
4. Efesios 3:15.
5. 1 Juan 3:2.
6. Apocalipsis 21:1.

Apéndice

1. El texto de este discurso procede de Russell H. Conwell, *Acres of Diamonds* (Nueva York: Harper & Brothers, 1915), vol. 2, http://www.gutenberg.org/files/34258/34258-h/34258-h.htm.

Jentezen Franklin es el pastor principal de Free Chapel, una iglesia establecida en Gainesville, Georgia, con siete recintos en tres estados. Cada semana, su programa de televisión, Kingdom Connection, se transmite por las principales redes a millones de hogares en todo el mundo. Además de dictar conferencias alrededor del mundo, también es un autor superventas de la lista del *New York Times*, por sus numerosos libros escritos, incluido su éxito de ventas más reciente, *Ama como si nunca te hubieran herido*.

Jentezen y su esposa, Cherise, llevan casados treinta y dos años, tienen cinco hijos y cuatro nietos, y viven en Gainesville, Georgia.